# Custos
# Uma Estratégia de Gestão

**Dados Internacionais de Catalogação na Publicação (CIP)**
**(Câmara Brasileira do Livro, SP, Brasil)**

Berti, Anélio
　Custos : uma estratégia de gestão / Anélio Berti. –
São Paulo : Ícone, 2002.

　Bibliografia.
　ISBN: 85-274-0677-2

　1. Contabilidade de custos  2. Custos  3. Planejamento estratégico  I. Título.

02-2703                                                    CDD-658.1552

**Índices para catálogo sistemático:**
1. Custos : Administração estratégica : Empresas :
　 Administração financeira  658.1552

Anélio Berti

# Custos
# Uma Estratégia de Gestão

© Copyright 2002
Ícone Editora Ltda.

**Capa**
Andréa Magalhães da Silva

**Diagramação**
Rejane Mota

Proibida a reprodução total ou parcial desta obra,
de qualquer forma ou meio eletrônico, mecânico,
inclusive através de processos xerográficos,
sem a permissão expressa do editor.
(Lei n.º 9.610/1998).

Todos os direitos reservados pela
**ÍCONE EDITORA LTDA.**
Rua das Palmeiras, 213 - Sta. Cecília
CEP: 01226-010 - São Paulo - SP
Tel./Fax: (11) 3666-3095
www.iconelivraria.com.br
E-mail: editora@editoraicone.com.br

*Dedicatória*
*A minha sábia e dedicada*
*esposa Adriana, pelo brilho*
*em meu caminho.*

# SUMÁRIO

**CURRÍCULO DO AUTOR, 11**
**APRESENTAÇÃO, 13**
**ESTRUTURA DO LIVRO, 17**
**INTRODUÇÃO, 21**

**ASPECTOS CONCEITUAIS DE CUSTO E MÉTODO DE CUSTEIO, 25**
1- CONCEITOS BÁSICOS DE CUSTOS, 25
   1.1 - Conceitos, 25
   1.2 - Terminologia, 26
   1.2.1 - Desembolsos, 26
   1.2.2 - Gastos, 26
   1.2.3 - Custo, 27
   1.2.4 - Despesas, 27
   1.2.5 - Diferença entre custo e despesa, 27
   1.2.6 - Investimentos, 27
   1.2.7 - Perdas, 28
   1.2.8 - Subprodutos, 28
   1.2.9 - Sucatas, 28
   1.2.10 - Rateios, 28
   1.3 - Finalidades da contabilidade de custos, 28
   1.4 - Princípios básicos da contabilidade de custos, 30
   1.4.1 - Princípio da realização da receita, 30
   1.4.2 - Princípio da competência, 30
   1.4.3 - Princípio do custo histórico como base de valor, 30
   1.4.4 - Princípio da consistência ou uniformidade, 30
   1.4.5 - Princípio do conservadorismo ou prudência, 31
   1.4.6 - Princípio da materialidade ou relevância, 31
   1.5 - Classificação dos custos, 31
   1.6 - Modelo de determinação dos custos, 40
   1.6.1 - Modelo de planilha ou engenharia, 40
   1.6.2 - Modelo indireto real, 46
   1.6.3 - Modelo direto real, 50

1.7 -    Sistemas de custeamento, 51
1.7.1-   Custeamento por processo, 51
1.7.2 -  Custeamento por ordem de produção, 53
1.8 -    Método de custeio, 55
1.8.1 -  Custeio por absorção, 55
1.8.2 -  Custeio direto, 58
1.8.3 -  Custeio pleno, 60
1.8.4 -  Activity Based Cost (ABC), 62
1.8.5 -  Custo-Meta (Target cost), 68
1.8.6 -  Custo-Padrão, 69

2 - GESTÃO ESTRATÉGICA DE CUSTOS, 75
   2.1 -    Introdução, 75
   2.2 -    Gestão de custos e preços, 75
   2.3 -    Determinação do preço e processo de planejamento empresarial, 76
   2.4 -    Custo meta e custo interno, 77
   2.4.1 -  Custo meta, 77
   2.4.2 -  Custo interno, 77
   2.5 -    Planejamento e determinação da margem de lucro, 83
   2.6 -    Alavancagem operacional e financeira, 92
   2.6.1 -  Alavancagem operacional, 93
   2.6.2 -  Alavancagem financeira, 94

3 - RECEITA E FORMAS DE ANÁLISE, 95
   3.1 -    Receita, 95
   3.1.1 -  Conceito, 95
   3.1.2 -  Mensuração da receita, 97
   3.1.3 -  Classificação da receita, 98
   3.2 -    Análise do ponto de equilíbrio, 99
   3.2.1 -  Conceito, 100
   3.2.2 -  Margem de contribuição, 101
   3.2.3 -  Condições básicas para o cálculo do ponto de equilíbrio, 103
   3.2.4 -  Tipos de ponto de equilíbrio, 104
   3.2.5 -  Ponto de equilíbrio para diversos produtos, 106

4 - PLANEJAMENTO EMPRESARIAL, 111
- 4.1 - Conceito, 111
- 4.2 - Princípios gerais do planejamento, 113
- 4.3 - Importância do planejamento, 115
- 4.4 - Institucionalização do processo de planejamento, 116
- 4.5 - Etapas do planejamento, 118
- 4.6 - O novo estado industrial, 119
- 4.6.1 - Os imperativos da tecnologia, 121
- 4.6.2 - A natureza do planejamento industrial, 122
- 4.6.3 - Estratégia empresarial, 126
- 4.6.4 - Estrutura das decisões empresariais, 127
- 4.6.5 - Categorias de decisões, 127
- 4.6.6 - Um modelo de tomada de decisões estratégicas, 129
- 4.6.7 - Estratégia moderna nas empresas, 132
- 4.6.8 - Vantagem competitiva, 137
- 4.7 - A cadeia de valores e a vantagem competitiva, 151
- 4.7.1 - A cadeia de valores, 151
- 4.8 - Orçamentos, 159
- 4.8.1 - Função do orçamento, 161
- 4.8.2 - Vantagens dos orçamentos, 162
- 4.8.3 - Orçamento Kaizen, 164
- 4.9 - Planejamento Financeiro, 164
- 4.9.1 - Planejamento financeiro a longo prazo, 165
- 4.9.2 - Planejamento financeiro a curto prazo, 165

5 - CUSTOS X CAPITAL DE GIRO, 171
- 5.1 - Conceito de capital de giro, 172
- 5.2 - Cálculo do capital de giro, 174
- 5.2.1 - Necessidades líquidas de capital de giro, 175

6 - ELABORAÇÃO DO PLANEJAMENTO OPERACIONAL, 179
- 6.1 - Apresentação da empresa, 179
- 6.2 - Projeção da receita para a empresa objeto de estudo, 182
- 6.3 - Custos totais, 182
- 6.3.1 - Custo fixo, 183
- 6.3.2 - Custos variáveis, 184

6.4 - Margem de contribuição, 190
6.5 - Ponto de equilíbrio, 191
6.6 - Necessidades de capital de giro, 193
6.7 - Conclusão do planejamento operacional, 198
6.7.1 - Determinação do ponto de equilíbrio, 199
6.7.2 - Resultado dos produtos industrializados, 200
6.7.3 - Planejamento das necessidades de capital de giro, 201

7 - RISCO x RETORNO x CUSTO DE CAPITAL PRÓPRIO, 203
7.1 - Introdução à avaliação: valor do dinheiro no tempo, 203
7.1.1 - Valor presente líquido (VPL), 204
7.1.2 - Conceito, 204
7.1.3 - Risco, 204
7.1.4 - Retorno, 206
7.2 - Custo de capital, 206

8 - ESTUDOS DE CASOS PARA REVISÃO DO APRENDIZADO, 213
8.1 - Estudos de casos resolvidos, 213
8.2 - Estudos de casos para resolver, 230

9 - UMA VISÃO GLOBAL, 249
9.1 - Planejamento operacional participativo, 249
9.2 - Implantação de custos, 250
9.3 - Implantação de sistemas de controle, 251
9.4 - Contabilidade da economia digital, 251
9.5 - Triunfo empresarial (plano completo), 252

ÍNDICE REMISSIVO, 253

REFERÊNCIAS, 259

# CURRÍCULO DO AUTOR

Anélio Berti é professor universitário das disciplinas de Economia, Administração de Empresas e Ciências Contábeis nas áreas de Finanças, Planejamento e Contabilidade, há mais de 10 anos. Professor da Faculdade Ávila de Ciências Humanas – Goiânia-Goiás, escritor, economista, mestre em contabilidade, especialista em análise e elaboração de projeto de viabilidade econômico-financeira, especialista em auditoria contábil, consultor empresarial na área de gestão empresarial, técnico do sistema Sebrae, instrutor de treinamento empresarial, autor de diversos artigos publicados em revistas técnicas, autor dos livros publicados nesta Editora: "Capital de Giro – Teoria e Prática", 1999; "Contabilidade Geral", 2001 e "Diagnóstico Empresarial – Teoria e Prática", 2001.

# APRESENTAÇÃO

## A CIÊNCIA DOS CUSTOS

### José Fernandes*

A ciência só evolui à medida que aparecem cientistas irrequietos que se colocam a pesquisar, obtendo, após anos de vida beneditina, em que trabalham, e teimam, e limam, e sofrem, e suam, resultados surpreendentes que interferem diretamente na melhoria da práxis científica e, com menor freqüência, em descobertas que chegam a mudar profundamente as tradicionais normas do senso comum e, por vezes, o estatuto ontológico da ciência.

É verdade que este trabalho de pesquisa exige de quem o pratica inteligência e ousadia. Inteligência, para perceber o fato em si, ou a existência de novo fenômeno e perscrutá-lo desde dentro. Ousadia, para, mesmo contrariando conceitos e preceitos há muito convencionados como fulcrais a uma determinada ciência, ser capaz de mostrar que foram necessários e consistentes em uma época definida, mas que, nesse momento da história, padecem de sustentação ou podem ser substituídos por mecanismos e técnicas mais condizentes com o exercício e com a prática dessa ciência em particular.

Se essas observações são aplicáveis até às ciências exatas, pautadas por leis quase sempre irrefutáveis, com muito maior

---
* Doutor em Letras pela Universidade do Rio de Janeiro; Professor Titular de Literatura da Universidade Salgado de Oliveira – UNIVERSO – e Membro da Academia Goiana de Letras.

razão calham às chamadas ciências semoventes, como a Contabilidade, a Economia e a Administração, inseridas na generalidade e na amplitude das chamadas ciências humanas, marcadas por variáveis e por variantes. A despeito de serem ciências fundamentadas mais em teorias que em leis científicas, encontram-se em franca evolução, advinda das imposições da cibernética, da ampliação das necessidades humanas de conforto e de sobrevivência e da globalização dos mercados; muitos deles transnacionais.

É engajado nesse processo que analisamos os livros de Anélio Berti – *Análise de capital de giro: teoria e prática, Contabilidade geral* e *Diagnóstico empresarial: teoria e prática* – dimanados de acurada pesquisa e concordes com as necessidades dos novos conhecimentos e de técnicas avançadas provindas de uma recente visão empresarial imposta pelas organizações que se querem consentâneas com o tempo da história e com a história do tempo. Se estas obras pautam por didática e por respostas às perguntas que a aprendizagem das *téknes* – sentido grego de fazer, organizar – administrativas e contábeis nos fazem, este, *Custos: uma estratégia de gestão*, a que temos a honra de prefaciar, torna-se ainda mais significativo, à medida que se volta para um dos pontos nevrálgicos de qualquer administração e da contabilidade de qualquer empresa: os custos. Eles, como bem o coloca o professor Berti, têm de refletir na receita, na despesa e no capital imóvel da empresa, para que se tenha um quadro inteiro de sua vida financeira.

Seu estudo sobre os custos, além de se revelar extremamente atual, é imprescindível a quem se propõe atuar na área financeira de uma empresa, uma vez que é do equilíbrio entre estes três fatores que depende o engrandecimento ou o apequenamento da organização. Do mesmo modo, revela-se atual e, sobretudo, apresenta aspectos inteiramente originais, à medida que descobre nuances da ciência dos custos até agora desconsideradas, como o custo de capital, esquecido pela maioria dos contadores que os não insere nos cálculos. Entretanto, imprescindível a uma visão integral da empresa. Só mediante esse olhar global sobre a organização é que o administrador poderá ter aquela certeza de que qualquer empreendimento necessita, porque a única profissão em que se trabalha todo o dia – e até se tem direito de ganhar mais para não acertar o alvo – é a de jogador de futebol. Quem lida com empresa não pode gozar da mesma displicência do futebolista. Sua bola sempre tem de ir a gol, mesmo que encontre algum goleiro-concorrente que tente fechar a baliza.

Destarte, o objetivo primeiro desse livro, resultante de pesquisas e reflexões inteligentes, ousadas e sérias sobre o ato de contabilizar e de administrar, é proporcionar subsídios aos gestores para as tomadas de decisão. Decidir certo na hora é, em nossos dias, uma exigência elementar em administração empresarial. Ao empresário moderno só restam duas saídas: ou acertar, ou acertar. O erro pode ser fatal à sua empresa e ao seu papel social. E, nesse sentido, Administração e Contabilidade se irmanam. Se a primeira se caracteriza pela arte de fazer, de organizar; a segunda se define pelo exato controle do patrimônio. Ora, para que o gestor possa estar senhor do ato de decidir, o livro de Anélio propicia, com arguta propriedade, os passos imprescindíveis para um bom planejamento. É ele que congrega o passado, o presente e, sobretudo, traça as metas futuras da empresa. Vemos, deste modo, que o administrador tem de ter uma tripla visão da empresa, a fim de que os raios que se projetam não sejam apenas ilusão de ótica, mas a realidade concreta e objetiva do que realmente acontecerá, porque fundada em detalhado planejamento. É desse modo, como expõe Anélio Berti, que as ciências da Contabilidade e da Administração consolidam o seu estatuto ontológico e se firmam no concerto maior das ciências, porque capazes de limitar as variantes e as variáveis, permitindo administrar com eficiência e eficácia, mesmo diante das incertezas que rondam qualquer empreendimento. Em síntese, o livro de Berti se apresenta para o empresário como uma bússola, não lhe permitindo sair da permanente busca do planejado e do planejável, a que todo empresário precisa ter estabelecido.

Assim pensando, verificamos que também a estratégia de gestão desse livro é perfeita, atual e ousada. Cabe apenas aos estudiosos e aos profissionais da Contabilidade e da Administração terem a sensibilidade e a ousadia do Professor Anélio, tendo a plena certeza de que o improviso e o empirismo, ou seja, a tão conclamada prática administrativa nos nossos dias não pode estar desligada de uma teoria científica administrativa. Portanto, a leitura desse livro pode garantir uma política permanente de portas abertas para as nossas empresas.

    Ao Professor Anélio resta-nos cumprimentá-lo pela pesquisa realizada. Sua parte está feita. Cabe aos nossos empresários, quer sejam micro, médio, macro, colherem as informações contidas neste trabalho, nesse país de muito amadorismo e pouco profissionalismo.

# ESTRUTURA DO LIVRO

O público alvo deste livro são os acadêmicos dos cursos de graduação, pós-graduação de ciências contábeis, administração de empresas, ciências econômicas, análise de sistemas e demais pessoas que necessitam de um material de apoio no auxilio nas decisões administrativas em que os gestores precisam tomar com ênfase na elaboração do planejamento operacional de uma empresa (indústria).

Este livro está estruturado em nove (9) capítulos com assuntos interligados e que propiciam visão e entendimento o mais completo possível a respeito dos assuntos que podem ser julgados como importantes na definição dos custos como instrumento de apoio gerencial enfatizando bem a elaboração de um planejamento operacional de uma empresa e, portanto, auxiliando os acadêmicos ou interessados pelo assunto.

## Capítulo 1

Aborda os aspectos conceituais de custo e método de custeio, iniciando com conceitos, terminologia e a finalidade da contabilidade de custos, os princípios básicos, classificação dos custos, modelo de determinação dos custos ( modelo de planilha ou engenharia, modelo indireto real, modelo direto real), sistemas de custeamento (custeamento por ordem de produção e custeamento por processo), métodos de custeio (absorção, direto, pleno, activity based costing, meta, padrão).

## Capítulo 2

Trata da gestão estratégica dos custos, sua introdução a relação com os preços, a terminação do preço no processo de planejamento, a relação do custo meta com o custo interno da empresa, definição da margem de lucro, a alavancagem operacional e financeira, alguns estudos de casos sobre custos.

## Capítulo 3

Examina a receita e formas de análise, iniciando-se com conceitos, mensuração da receita, classificação das receitas, análise do ponto de equilíbrio, conceito de ponto de equilíbrio, margem de contribuição, condições básicas para o cálculo, tipos de ponto de equilíbrio, pontos de equilíbrio para diversos produtos.

## Capítulo 4

Cuida do planejamento empresarial, o capítulo inicia a abordagem com o conceito de planejamento, princípios gerais, importância, institucionalização do processo, as etapas, o novo estado industrial a natureza do planejamento industrial, as estratégias empresariais, vantagem competitiva, o capítulo continua com a cadeia de valores, orçamentos, função do orçamento, as vantagens do orçamento, o planejamento financeiro.

## Capítulo 5

Trata dos custos em relação ao capital de giro , partindo do conceito, capital de giro na empresa, cálculo das necessidades de capital de giro, elabora-se um exemplo completo do cálculo do capital de giro necessário.

## Capítulo 6

Elabora um planejamento operacional através de um estudo de caso de uma empresa fictícia, iniciando com a apresentação da empresa, projeção da receita, cálculo dos custos totais (custo fixo e custo variável), margem de contribuição, ponto de equilíbrio, necessidades de capital de giro, resumo de receitas e custos, conclusão do planejamento operacional.

## Capítulo 7

Faz uma abordagem do risco x retorno x custos do capital próprio, iniciando com uma introdução do valor do dinheiro no tempo, trata do valor presente líquido (VPL), conceitos de risco retorno e uma breve abordagem do custo de capital.

## Capítulo 8

Contém um conjunto de casos para revisão do aprendizado, tendo alguns resolvidos e outros como sugestão para resolver.

## Capítulo 9

Oferece uma visão global, enfocando o planejamento empresarial participativo, implantação de custos, sistemas de controle e contabilidade da economia digital.

# INTRODUÇÃO

As transformações que o mundo empresarial vem sofrendo ao final do Século XX, decorrentes da globalização da economia, imposta pelos países desenvolvidos, deixam as empresas bastante vulneráveis, tornando a administração empresarial uma tarefa ainda mais difícil.

Neste sentido, é necessário que estas tenham uma boa administração, considerando as suas peculiaridades. Não obstante, no caso brasileiro a economia sofre variações constantes, decorrentes de políticas governamentais (planos econômicos), taxas de juros elevadas, taxas de câmbio nem sempre favoráveis às exportações, desemprego, déficit público, globalização da economia etc., que impactam fortemente as empresas.

Ao se pensar em administração empresarial algumas indagações surgem e os gestores devem responder questões como: Onde estamos? Onde queremos chegar? Qual é o caminho que devemos seguir? Em quanto tempo queremos chegar? Para responder a estas indagações faz-se necessário que o administrador elabore um planejamento empresarial, com a melhor utilização dos recursos à sua disposição.

Atualmente já não se admite que uma empresa trabalhe sem que tenha, a priori, elaborado um planejamento adequado, capaz de mostrar o caminho a ser seguido, os recursos existentes e disponíveis para a empresa atingir seu objetivo em determinado período de tempo, quer seja a curto, médio ou longo prazo.

A tarefa de planejar exige um estudo bastante amplo, em diversos setores da empresa, tais como: setor de produção (capacidade produtiva), setor de vendas (área mercadológica), setor financeiro (capital de giro necessário), setor de transporte, setor de armazenamento (matérias-primas e produtos acabados) etc.

Ao elaborar o planejamento empresarial, definido as metas e a estratégia a ser adotada pela empresa, os gestores voltam para o setor operacional, ou seja, o planejamento operacional a curto prazo e um ponto que se deve ter em mente é qual o nível mínimo de atividades que a empresa deve operar para não ter prejuízo, ou seja, qual é o ponto de equilíbrio. Conhecendo o ponto de equilíbrio da empresa, tem-se o mínimo de atividades necessárias para não operar com prejuízo. Também, acima deste nível, a empresa entra na faixa de lucratividade. O planejamento operacional mostra aos gestores os produtos ou linhas de produtos que proporcionam, à empresa, um melhor desempenho operacional, provocando um direcionamento para uma melhora na lucratividade da empresa.

Um dos problemas enfrentados por um grande número de empresas, refere-se às necessidades de capital de giro. No momento da elaboração do planejamento deve-se ter a preocupação em planejar as reais necessidades de recursos financeiros, pois, a identificação antecipada do valor adicional de capital de giro possibilita ao administrador um tempo maior para buscar fontes alternativas para suprir essa necessidade.

O objetivo geral do presente livro consiste em auxiliar os gestores na gestão estratégica dos custos no momento da elaboração do planejamento operacional em uma indústria.

O presente trabalho mostra a importância da contabilidade de custos, o cálculo do ponto de equilíbrio como instrumento de apoio nas decisões dos gestores encarregados da elaboração do planejamento operacional numa indústria.

Várias obras abordam a utilização de custos na elaboração do planejamento operacional por meio de orçamentos, por exemplo, Welsch (1990), Moreira (1989), Sanvicente e Santos (1989), Frezzatti (2000), entre outras. Porém, o enfoque do presente estudo procura evidenciar a integração dos custos com as diversas etapas do planejamento operacional, preocupando-se, também, com o planejamento das necessidades de capital de giro.

Desse modo, em termos práticos, o estudo possibilita que os gestores, bem como os consultores de empresas, verifiquem como os mesmos podem utilizar as informações geradas pela contabilidade para auxiliá-los nas decisões a serem tomadas na empresa com enfoque voltado para a elaboração do planejamento operacional, apresenta também uma obordagem na elaboração do orçamento das necessidades de capital de giro, já que esse trabalho enfoca a empresa com uma visão sistêmica.

## ASPECTOS CONCEITUAIS DE CUSTO E MÉTODO DE CUSTEIO

Conhecer o custo é o primeiro passo em busca do resultado desejado.

Berti, A.

# 1. Conceitos Básicos de Custos

## 1.1 Conceitos

Custo é o consumo de bens e serviços, empregados na produção de outros bens e serviços. Consumo esse representado pela entrega ou promessa de entrega de ativos.

Segundo o professor Eliseu Martins *Custo é o gasto relativo a bem ou serviço utilizado na produção de outros bens ou serviços.*

*Gasto é o sacrifício financeiro com que a entidade arca para obtenção de um produto ou serviço qualquer, sacrifício esse representado por entrega ou promessa de entrega de ativos.*[1]

Segundo Olivio Koliver, *como custo entende-se a soma de valores, de bens e serviços consumidos e aplicados para obter um novo bem ou um novo serviço.*[2] Há, por outro lado, quem considere e mesmo denomine custos como despesas, aplicações ou consumo.

Segundo Nilson Holanda *custo é todo e qualquer sacrifício feito para produzir determinado bem, desde que seja possível atribuir um valor monetário a esse sacrifício.*[3]

Segundo George S.G. Leone *custo é o consumo de um fator de produção, medido em termos monetários para a obtenção de um produto, de um serviço, ou de uma atividade que poderá ou não gerar renda*[4]

---
[1] Eliseu Martins (1990) *Contabilidade de Custos*, p. 24
[2] Olivio Koliver (1974) VI.3
[3] Nilson Holanda (1975) *Planejamento e Projetos*, p. 225
[4] George S.G. Leone (1991) p. 50

Os custos são definidos por Cashin e Polimeni "como os benefícios despendidos para adquirir bens ou serviços. Os benefícios (bens ou serviços) despendidos são medidos em unidades monetárias".[5]

Por outro lado, Florentino afirma que, "custo é a soma dos valores de bens e serviços consumidos e aplicados para obter um novo bem ou um novo serviço".[6]

## 1.2 Terminologia

Na terminologia da contabilidade de custos alguns termos são específicos da linguagem da comunidade da classe que atua na área de custos, como mostra-se a seguir:

### 1.2.1 Desembolsos

É o pagamento resultante de uma compra (aquisição) de um bem ou de um serviço. É a saída financeira da empresa, entrega de ativos a terceiros.

Exemplo: pagamento de uma duplicata, pagamento de uma nota fiscal etc.

### 1.2.2 Gastos

O gasto é um *sacrifício financeiro* com que a entidade arca para obter bens (produtos) ou serviços. São representados pela promessa de entrega de ativos, normalmente dinheiro.

Somente é considerado gasto no momento que existe o reconhecimento contábil da dívida ou da redução do ativo dado em pagamento. Gasto é o termo genérico que pode representar tanto um custo como uma despesa.

Exemplo: gasto com salários, gasto com comissões sobre vendas, gasto com a matéria-prima.

---
[5] Cashin e Polimeni (1982 p. 17).
[6] Florentino (1983, p. 19).

## 1.2.3 Custo

Gasto relativo a bem ou serviço utilizado na produção de outros bens ou de outros serviços. Também é um gasto, só que é reconhecido como custo no momento da fabricação de um produto ou na realização de um serviço.
Exemplo: matéria-prima, mão-de-obra direta, serviços de terceiros, etc.

## 1.2.4 Despesas

Gasto que provoca redução do patrimônio. Bem ou serviço consumidos direta ou indiretamente para obtenção de receitas. O esforço no sentido da obtenção da receita deve Ter como contrapartida a entrega ou promessa de entrega de ativos. Ex. comissão sobre vendas.

## 1.2.5 Diferenças entre custos e despesas

a) custo: é o gasto com a fabricação do produto (processo produtivo). O custo só afetará o resultado a parcela do gasto que corresponde aos produtos vendidos.
b) Despesa: fatores identificáveis a administração, financeira e relativa as vendas, que reduzem a receita. A despesa afetará diretamente o resultado do exercício.

## 1.2.6 Investimentos

É o gasto para aquisição de ativo, com a finalidade de obtenção de benefícios a curto, médio e longo prazo. Todo o custo é um investimento, mas nem todo investimento é um custo.
Exemplo: matéria-prima, máquinas e equipamentos para a fábrica, ações de outras empresas etc.

## 1.2.7 Perdas

São bens ou produtos consumidos de forma anormal e involuntária. São gastos não intencionais decorrentes de fatores externos, fortuitos ou da atividade produtiva normal da empresa.

## 1.2.8 Subprodutos

É aquele produto que nasce de forma natural durante o processo produtivo da empresa. Ele possui mercado de venda e preço definido, porém a sua participação é ínfima (pequena) no faturamento total da empresa. Aparas de papel na indústria gráfica.

## 1.2.9 Sucatas

São produtos que nascem da produção com defeitos ou estragados. Suas vendas são esporádicas e realizadas por valor não previsível na data em que surgem na fabricação. Não recebem custos e também não servem para redução de custos de produção. Na data da venda são caracterizados como outras receitas operacionais. Exemplo: sobras de matéria-prima, serragem, etc.

## 1.2.10 Rateios

É o processo de divisão dos custos indiretos ou custos fixos de produção aos centros de custos, departamento ou produto, observando critérios pré estabelecidos para sua alocação.

### 1.3 Finalidades da contabilidade de custos

O que efetivamente, interessa é que o custo deve ser tratado em termos financeiros e físicos relegando a um segundo plano o problema de abordagem econômica.

Partindo desse raciocínio, Koliver definiu, ainda, que de forma genérica : *custos são os insumos de capitais, bens e serviços efetuados para a consecução de determinados objetivos;*[7] o que vale dizer - já de forma específica é que:

*Custos de fabricação de um bem é o somatório de todos os insumos de capitais, bens ou serviços, aplicados na fabricação desse bem.*[8]

Com as definições já mencionadas, poderíamos armar outras tantas, em quaisquer áreas, tais como: *Custos de distribuição, Custos com Ventas, Custos de transportes, Custos de Apoio etc.*

*As finalidades da contabilidade de custos são:*

- auxiliar o usuário na tomada de decisão, ou seja, servir como subsídio para atender as necessidades gerências, principalmente em três grandes grupos:
1 - informações que servem para a determinação da rentabilidade e do desempenho das diversas atividades da entidade;
2 - informações que auxiliam a gerência a planejar, a controlar e administrar o desenvolvimento das operações;
3 - informações para a tomada de decisões.

*Os principais objetos da contabilidade de custos são:*

1 - a empresa;
2 - os componentes organizacionais - tanto os operacionais como os administrativos, os processos, os produtos, os serviços;
3 - as atividades;
4 - os estudos especiais;
5 - os planos alternativos;
6 - as campanhas;
7 - as promoções etc.

---

[7] Olivio Koliver. ob. cit, vl.3
[8] Idem, Ibidem.

## 1.4 Princípios básicos da contabilidade de custos

### 1.4.1 Princípio da realização da receita

Permite este princípio o reconhecimento contábil do resultado (lucro ou prejuízo) apenas quando da realização da receita. E ocorre a realização da receita, em regra, quando da transferência do bem ou do serviço para terceiros.

Este princípio é o responsável por uma das grandes diferenças entre os conceitos de lucro na economia e na contabilidade.

### 1.4.2 Princípio da competência ou da confrontação entre despesas e receitas

Pela realização fica definido o momento do reconhecimento da receita. Após isso, pela competência ou confrontação temos o reconhecimento das despesas. A regra é simples: após o reconhecimento da receita, deduz-se dela todas os valores representativos dos esforços para sua consecução (despesas).

### 1.4.3 Princípio do custo histórico como base de valor

Os ativos são registrados na contabilidade por seu valor original de entrada, ou seja, histórico.

### 1.4.4 Consistência ou uniformidade

Quando existem diversas alternativas para registro contábil de um mesmo evento, todas válidas dentro dos princípios fundamentais da contabilidade, deve a empresa adotar uma delas de forma consistente. Isto significa que a alternativa adotada deve ser utilizada sempre.

### 1.4.5 Conservadorismo ou prudência

O conservadorismo obriga a adoção de um espírito de preocupação pôr parte do contador. Quando ele tiver dúvida sobre tratar um determinado gasto como ativo ou redução de patrimônio líquido, deve optar pela forma de maior preocupação, ou seja, redução do patrimônio líquido.

### 1.4.6 Materialidade ou relevância

Essa outra regra contábil é de extrema importância para custos. Ela desobriga de um tratamento mais rigoroso aqueles itens cujo valor monetário é pequeno dentro dos gastos totais.

## 1.5 Classificação dos Custos.

Diversas são as formas de classificação dos custos apresentadas na literatura contábil. Florentino[9], classifica os custos como segue:

**a) origem geral** - os custos podem ser classificados em:
- custos do trabalho humano;
- custos de capitais utilizados;
- custos de materiais;
- custos tributários;
- custos com depreciações;
- outros.

**b) agente consumidor** - nesta perspectiva, os custos podem ser classificados em:
- custos seccionais;
- custos dos centros de custos; custos divisionais;
- custos dos produtos;
- custos.

---
[9] Florentino ob. cit, p. 19-27

c) **funções** de acordo com os diversos tipos podem classificar-se em:
   - custos de fabricação;
   - custos de administração;
   - custos de vendas;
   - custos com propaganda e publicidade;
   - outros.

d) **forma de imputação ao produto** - classificam-se de acordo com a utilização da estrutura dos agentes envolvidos na empresa em:
   - custos diretos;
   - custos indiretos;

e) **espécie** - essa modalidade obedece a classificação dos agentes, dividindo-se em:
   - custos com mão-de-obra;
   - custos com materiais;
   - custos com a previdência social; custos com combustíveis
   - custos com serviços de terceiros; custos com comissões
   - custos com portes e telegramas;
   - outros.

f) **grau de ocupação da empresa** - essa classificação tem como base a ocupação da empresa e dividindo-se em:
   - custos fixos;
   - custos variáveis;
   - custos progressivos;
   - custos degressivos;
   - custos constantes.

g) **posicionamento na contabilidade financeira** - de acordo com a contabilidade, seguindo uma estrutura determinada pelo fisco, classificam-se em:
   - custos registrados na contabilidade financeira;
   - custos calculatórios.

Essa classificação é bastante genérica e pode ser utilizada para qualquer tipo de empresa, independente do ramo de atividade, visto que, é ampla e se adapta a todas as empresas.

Por sua vez, Cashin e Polimeni[10] (1982, p.18-29) classificam os custos da seguinte maneira:

a) **elementos de um produto** – são:
   - os materiais;
   - mão-de-obra;
   - custos indiretos de fabricação.

b) **relação com a produção** - esta classificação baseia-se em sua relação com a produção, são os:
   - custos primários;
   - custos de conversão.

c) **relação com o volume** - os custos variam de acordo com as alterações do volume de produção dividindo-se em:
   - variáveis;
   - fixos;
   - semivariáveis.

c) **departamento onde incorreram** - classificação de acordo com os departamentos podendo ser:
   - de produção;
   - de serviços.

d) **áreas funcionais** - os custos classificados por função de acordo com a atividade desempenhada, consubstanciam-se de:
   - fabricação;
   - marketing;
   - administrativos;
   - financeiros;
   - outros.

---

[10] Cashin e Polimeni ob.cit, p. 18-29

e) **período determinado para a renda** - classificados com base na época em que devem ser debitados contra a receita, dividindo-se em:
   - custos do produto;
   - custos do período.

f) **considerações econômicas** - é uma classificação definida como a medida do valor dos benefícios que poderiam ter sido obtidos caso se escolhesse outra alternativa.

Também essa classificação é generalista, porém a primeira é de um nível de detalhamento maior que esta.
Ao elaborar a classificação dos custos, vários são os fatores importantes a serem considerados, dependendo do objetivo a ser atingido com o custeamento, pois são várias as classificações de custos, mas, para fins gerenciais, uma classificação também importante é a preconizada por Leone[11].

a) Custos definidos em relação ao objeto que está sendo estudado:
   - custos diretos e indiretos;
   - custos imputados;
   - custos próprios;
   - custos rateados;
   - custos comuns.

b) Custos definidos em relação ao controle das operações:
   - custos controláveis;
   - não controláveis;
   - custos funcionais;
   - custos estimados;
   - custos-padrão.

c) Custos definidos em relação ao período de aplicação:
   - custos inventariáveis;
   - custos periódicos;

---
[11] Leone, George S.G. (1991, p. 53)

- custos históricos (sinônimos destes últimos são os custos reais, registrados, contabilizados);

d) Custos definidos em relação à determinação da rentabilidade e avaliação do patrimônio:
   - custo primário;
   - custo por natureza;
   - custo fabril ou de fabricação;
   - custo de transformação ou de conversão;
   - custos de mercadorias fabricadas;
   - custos de mercadorias vendidas;
   - custos totais;
   - custos unitários.

e) Custos definidos em relação ao comportamento:
   - custos fixos;
   - custos variáveis;
   - custos semivariáveis;
   - e custos por degraus.

f) Custos definidos em relação à tomada de decisões:
   - custos incrementais;
   - custos de oportunidade;
   - custos estáveis e não estáveis;
   - custos relevantes;
   - custos empatados.

g) Outros custos

A classificação de Leone se diferencia das demais já vistas no enfoque gerencial, ou seja, ela se adapta melhor no que tange ao fornecer subsídios para a tomada de decisão.

Uma classificação que não se pode deixar de apresentar é a de Da Luz e De Rocchi (1998, p.24), que classifica os custos quanto à concepção formal, onde a apuração e análise de custos poderá assumir uma forma:

a) moneista
- quando o sistema contábil gerencial (SCG) se confunde com o sistema contábil formal (SCF);

b) dualista
- quando os registros do sistema contábil gerencial (SCG) são efetuados em sistema de contas apartado e diferenciado do sistema contábil formal (SCF); ou

c) autônomo
- quando os procedimentos de registro, computação e análise dos custos pretendem ser totalmente apartados do sistema contábil formal (SCF).

Uma classificação que vale considerar é a de Gallaro e Gallaro (2000, p.82-84), como segue:

a) quanto à unidade do produto:
- diretos;
- indiretos;
- primários;
- de transformação.

b) quanto ao comportamento em relação ao volume de atividade:
- fixos;
- variáveis;
- semifixos;
- semivariáveis;
- despesas fixas;
- despesas variáveis.

c) quanto à controlabilidade:
- controláveis;
- não controláveis.

d) para decisões especiais:
- incrementais;
- de oportunidade;
- evitáveis;
- inevitáveis;
- empatados.

e) quanto a base monetária:
- históricos;
- históricos corrigidos;
- correntes;
- estimados;
- custo-padrão.

Outra classificação também importante e de grande aplicabilidade devido ao grau de abrangência é a de Bierman e Dickman (1971, p.5), que classificam os custos como segue:

a) de acordo com o seu comportamento diante do volume de atividade:
- fixos;
- variáveis.

b) quanto à responsabilidade:
- fábrica;
- departamento;
- processo;
- centro de custos;
- onde o item de custo foi realizado.

c) quanto ao produto ou serviço;
- quanto à habilidade de identificação do custo:
- direto;
- indireto.

d) quanto à sua natureza:
- materiais;
- mão-de-obra;

- impostos, etc;

e) quanto à sua função:
   - fabris;
   - administrativos;
   - comerciais.

f) quanto a uma decisão particular:
   - custos conjuntos;
   - custos comuns;
   - custos de oportunidades;
   - custos inevitáveis, etc.

Ao efetuar a classificação dos custos, Florentino (1983, p.20), parte dos componentes básicos do custo:
a) valor das matérias primas adquiridas de outras empresas;
b) valor dos serviços (trabalho) prestados por pessoas físicas (operários, empregados); e
c) valor dos serviços prestados por outras empresas (força, luz, transporte, seguros, bancos, etc.).

Esses mesmos custos são classificados por Florentino (1983, p.20) em:
- diretos;
- indiretos;
- fixos;
- variáveis.

No que concerne aos custos diretos, explica que são os que podem ser imediatamente apropriados a um só produto ou a um só serviço.

Os custos indiretos são os que dependem de cálculos, rateios e estimativas, para serem divididos e apropriados em diferentes produtos ou diferentes serviços.

Em se tratando dos custos fixos, diz que são os valores consumidos ou aplicados independentemente do fato de estar ou não a empresa produzindo, ou se estar produzindo maior ou menor quantidade de bens e serviços.

Por sua vez, os custos variáveis são os que variam proporcionalmente com a produção e ou com as vendas. São, pois, valores aplicados que têm o seu acréscimo dependendo do volume produzido e ou vendido.

Martins (1998, p.53-54) que classifica os custos em:
a) diretos e indiretos
   - é com relação ao produto feito, e não à produção no sentido global ou aos departamentos dentro da fábrica; e
b) fixos e variáveis
   - "a mais importante entre todas as demais, é a que leva em consideração a relação entre os custos e o volume de atividade numa unidade de tempo".

Segundo afirma Helmkamp (1987, p.32), "um custo direto pode ser atribuído a um objeto de custo específico porque incorre somente para o benefício de um único objeto de custo. Ao contrário, um custo indireto incorre por múltiplos objetos de custo, então é considerado um custo comum".

Na classificação dos custos de Martins e de Florentino, são considerados os elementos de custos ligados à ocupação da empresa e em relação à imputação ao produto. Essas classificações fornecem informações importantes aos gestores na tomada de decisão.

Pelo que observamos das diversas classificações, em nosso entendimento, para dar suporte ao processo de tomada de decisões, a que parece se adaptar é a que tem os custos definidos em relação ao comportamento:
a) pela análise relação custo-volume-lucro - custos fixos, custos variáveis;
b) pela análise dos custos por unidade de custeio - por centro de custos, custo por departamento, por produto;
c) pela análise dos custos por produto - custos indiretos e diretos;
d) pelo seu controle - custos controláveis e não controláveis; e
e) pela aplicação a decisões - custos incrementais, custos empatados, custos de oportunidade.

A classificação dos custos é de suma importância na geração de informações que atendam às necessidades dos gestores, possibilitando às mesmas extraírem informações úteis para a tomada de decisão.

## 1.6 Modelo de determinação dos custos

Segundo o professor George S.G Leone, a determinação dos custos dos produtos e serviços tem como base três modelos, conforme demonstramos a seguir:
1- Planilha de custos ou modelo de engenharia;
2- O método indireto real;
3- O método direto real.

Independentemente de que tipo de modelo de custos a ser usado na empresa é necessário que o contador de custos apresente algumas características, que são importantes, tais como:
a) Ele deve familiarizar-se com o processo produtivo ou melhor conhecer o processo produtivo da empresa:
- Quais são os produtos a serem fabricados;
- Qual é a produção esperada para o próximo período;
- Quais os materiais que compõe a produção;
- Como a mão-de-obra é aplicada;
- Qual é a forma utilizada no cálculo;
- Quais são os as máquinas e equipamentos empregados;
- De que modo os produtos são fabricados, seu fluxo produtivo;
- Quais os setores que dão suporte a produção;
- Quais são as embalagens empregadas;
- De que modo os produtos acabados são armazenados?
- Quais são os controles existentes e sua utilização?

b) Ele deve conhecer os custos dos fatores e como são determinados:
- Quais são os materiais empregados?
- Quais são os tipos de mão-de-obra empregados?
- Quais são os custos gerais da fábrica?
- Etc.

### 1.6.1 Modelo de Planilha ou Engenharia

O emprego desse modelo acontece em várias oportunidades. Vejamos alguns casos:
a) Nas empresas que fabricam por encomenda;

b) O uso real dos fatores ou recursos produtivos são custeados e apresentados no mesmo formato que o modelo (que tem os valores orçados ou estimados);
c) Em pequenas e médias empresas, as planilhas são usadas para custear os produtos antes da fabricação;
d) Em algumas ocasiões, as planilhas servem para informar aos clientes a formação dos custos dos produtos ou serviços;

## Exemplo 1

O professor Leone apresenta um caso, segundo ele bastante simples, onde o objetivo é determinar o custo de um dos serviços faturáveis, realizados pela Gráfica Embaixadora. Trata-se de uma encomenda feita pela turma de Administração, que está formando-se: um convite bem sofisticado. Os dados são os seguintes:
a) serão feitos 500 convites;
b) com dez folhas, que serão encadernados, feitos no papel Cairo Finesse, importado do Egito;
c) as letras serão no estilo florentino do século XV, em alto relevo e prateadas;
d) entre uma página e outra, haverá uma folha de papel organdi finíssimo, estilo Helsinque;
e) as duas capas serão de papelão duro de alta qualidade e revestidas de veludo persa azul-claro, com os emblemas da Universidade e do Curso de Administração e as letras que identificam o convite em dourado;
f) a encadernação será feita por meio de dois parafusos de bronze, entrelaçados por uma fita larga de seda preta;

Os dados anteriores referem-se aos materiais de produção.

Os convites passarão por três departamentos, dentro da gráfica: preparação e planejamento, Corte e Fabricação e Acabamento.

De acordo com as previsões feitas pelo pessoal das operações, as horas de MOD e as horas-máquina necessárias para a fabricação desses 500 convites serão:
- Preparação e Planejamento: 5 horas de MOD.
- Corte e Fabricação: 20 horas-máquina.
- Acabamento: 55 horas de MOD.

A Administração, junto com o pessoal das operações e o contador, já tinha feito o orçamento das despesas gerais de cada um dos departamentos operacionais. Essas despesas incluíam, entre outras: salários de pessoal de direção, de manutenção, encargos sociais e trabalhistas relacionados, energia, materiais de funcionamento, despesas com o pessoal, como despesas de transporte, de alimentação, de vestuário, de segurança e de serviço médico. Os montantes orçados para o mês em curso foram os seguintes:
- Preparação e Planejamento: $ 2.000
- Corte e Fabricação: $ 15.000
- Acabamento: $ 12.000

Esses departamentos tinham uma previsão de funcionamento para o mês em curso, de acordo com as obras em andamento, com os pedidos dos clientes e com as informações do pessoal da área de contato com os clientes:
- Preparação e Planejamento: 200 horas de MOD.
- Corte e Fabricação: 500 horas-máquina.
- Acabamento: 400 horas de MOD.

Os operários diretos tinham taxas salariais por hora diferenciadas, de acordo com a qualificação para serviços de dificuldades e artes distintas:
- Preparação e Planejamento: $ 10,00 por hora de MOD.
- Corte e Fabricação: $ 2,00 por hora-máquina.
- Acabamento: $ 12,00 por hora de MOD.

Com base nesses dados, o contador preparou a planilha de custos a seguir demonstrada. Observe que ele recebeu uma ajuda muito importante da gerência de produção e de compras para a determinação dos quantitativos de materiais necessários e respectivos preços de aquisição.

A planilha de cálculo, não obedece um modelo padrão, tendo em vista as características da empresa e, a medida que muda as características da empresa (ramo de atividade), os custos e o processo produtivo também mudam. A diversificação de produtos também é um determinante no modelo de planilha, onde o contador de custos deve ter a preocupação de adotar um modelo que atenda as necessidades da empresa.

PLANILHA DE CUSTOS DE 500 CONVITES DA TURMA DE ADMINISTRAÇÃO

| Fatores de Produção | Unidades | Qtde. | Pr. Unit. | Qtde. Neces. | $. Total |
|---|---|---|---|---|---|
| **Mat. Dir. de Produção** | | | | | |
| Papel Cairo Finesse | Folhas | 1 | $ 0,80 | 60 | 48 |
| Tinta prateada | Vidro | 1 | 5,00 | 2 | 10 |
| Papelão duro | Folha | 1 | 2,50 | 60 | 1,50 |
| Veludo Persa | Metro | 1 | 30,00 | 5 | 150 |
| Tinta ouro | Vidro | 1 | 8,00 | 2 | 16 |
| Parafusos de bronze | Unidade | 1 | 1,00 | 1.000 | 1.000 |
| Seda preta | Metro | 1 | 15,00 | 3 | 45 |
| Subtotal | | | | | 1.419,00 |
| Materiais diversos 10% | | | | | 141,90 |
| Subtotal | | | | | 1.560,90 |
| Perdas norm. 3% do total | | | | | 46,83 |
| Total dos materiais | | | | | 1.607,73 |
| **Transformação** | | | | | |
| Prepar. e planejamento | hom.-hora | 1 | 10,00 | 5 | 50,00 |
| Corte e fabricação | Hora-máq. | 1 | 2,00 | 20 | 40,00 |
| Acabamento | Hom.-hora | 1 | 12,00 | 55 | 660,00 |
| Despesas Gerais | | | | | |
| Prepar. e planejamento | Hom.-hora | 1 | 10,00 | 5 | 50,00 |
| Corte e fabricação | Hora-máq. | 1 | 30,00 | 20 | 600,00 |
| Acabamento | Hom.-hora | 1 | 30,00 | 55 | 1.650,00 |
| Total dos custos | | | | | 4.627,73 |
| Custo Unit. (500 convt.) | | | | | 9,26[12] |

### Exemplo 2

A Indústria de Confecções S&S Ltda, trabalha com dois (2) produtos: camisas manga longa e calças, a sua programação de produção é a seguinte:
- camisas manga longa ............... 20.000 unidades/mês.
- calças ........................................ 15.000 unidades/mês.

O custo mensal é o seguinte:
- Aluguel ..................................... R$     3.800,00
- Energia Elétrica ....................... R$     2.950,00

---

[12] LEONE, George S.G. (1997) pg. 62 a 67

- Materiais Indiretos ..................... R$ 170.000,00
- Mão-de-Obra indireta ................ R$ 240.000,00
- O aluguel é atribuído inicialmente apenas à administração geral da fábrica;
- A energia consumida é distribuída aos departamentos: **corte 15%, costura 40%, acabamento 20%, administração geral da fábrica 10%, almoxarifado 5%** e **manutenção 10%**.
- Segundo o departamento de planejamento, os materiais indiretos serão apropriados a cada departamento do seguinte modo:
  a) corte........................................... R$ 25.000,00
  b) costura ...................................... R$ 34.000,00
  c) acabamento .......................... R$ 55.000,00
  d) Administração geral fab ......... R$ 30.000,00
  e) Amoxarifado .......................... R$ 5.000,00
  f) Manutenção ........................... R$ 21.000,00
- A mão-de-obra indireta é apropriada aos departamentos conforme utilização proporcional dos materiais indiretos;
- Os custos da administração geral da fábrica é distribuído à base da área ocupada: corte 45% da área total, a costura 15%, o acabamento 30%, e o restante utilizado igualmente para os demais departamentos;
- Somente os departamentos de produção exigem manutenção, e a distribuição é feita à base da produção total de cada um. O corte, a costura e o acabamento produzem respectivamente 60%, 30% e 10% do total produzido.
- O almoxarifado distribui seus custos ½ para corte, 1/3 para costura e o restante para o acabamento.
- As camisas passam apenas pelos departamentos corte e costura, enquanto as calças passam por todos os departamentos.
- A distribuição dos custos indiretos de corte e da costura aos produtos é feita na proporção das unidades produzidas.
- Os custos diretos para a produção são: camisas R$ 980.000,00, calças R$ 920.000,00.

**Pede-se:**

Elabore o mapa de rateio dos custos indiretos e calcule o custo unitário de cada produto.

## MAPA DE RATEIO OU PLANILHA

| Discriminação | Adm.Geral | Corte | Costura | Acabamento | Almoxarif. | Manutenção |
|---|---|---|---|---|---|---|
| - Aluguel | 3.800,00 | - | - | - | - | - |
| - Energia Elétrica | 295,00 | 442,50 | 1.180,00 | 590,00 | 147,50 | 295,00 |
| - Materiais indiretos | 30.000,00 | 25.000,00 | 34.000,00 | 55.000,00 | 5.000,00 | 21.000,00 |
| -Mão-de-obra indireta | 42.360,00 | 35.304,00 | 48.000,00 | 77.640,00 | 7.056,00 | 29.640,00 |
| - S. total | 76.455,00 | 60.746,50 | 83.180,00 | 133.230,00 | 12.203,50 | 50.935,00 |
| - Adm. Geral | | 34.407,00 | 11.468,00 | 22.936,00 | 3.822,00 | 3.822,00 |
| - Manutenção | | 32.854,20 | 16.427,10 | 5.475,70 | | - |
| - Almoxarife | | 8.012,70 | 5.408,50 | 2.804,30 | - | - |
| TOTAL | | 136.020,40 | 116.483,60 | 164.446,00 | | |
| CUSTOS | Camisa | Produção | Custo Unit. | Calça | Produção | Custo Unit. |
| - Custos Diretos | 980.000,00 | 20.000 | 49,00 | 920.000,00 | 15.000 | 61,33 |
| - Custos Indiretos | 144.280,00 | | 7,21 | 272.669,20 | | 18,80 |
| TOTAL | 1.124.280,80 | | **56,21** | 1.192.669,00 | | **79,51** |

## 1.6.2 Modelo Indireto Real

Este é o modelo que faz à ligação completa (integrada e coordenada) da Contabilidade de Custos com a Contabilidade Geral. Todas as operações e transações são baseadas em registros da Contabilidade Geral ou, então, as informações de custos é que saem da Contabilidade de Custos para a Contabilidade Geral e nesta são registradas. Além desse fluxo de informações, o modelo baseia-se, para a determinação dos custos, na fórmula geral de custos. Estoque inicial + Entradas - Estoque Final = Saídas, qualquer que seja o tipo de estoque. Os três principais estoques são: Estoque de matéria-prima, Estoque de produtos em elaboração e Estoque de produtos acabados. Todos os custos e despesas são históricos. Os custos e as despesas são suportados pôr documentos hábeis que refletem transações e operações que realmente aconteceram. A última característica, entre as características principais, é que o modelo emprega o critério do custo por absorção.

O professor Leone denomina o modelo de *indireto real* porque a determinação dos custos, em qualquer fase do ciclo produtivo (industrial), é realizada por este método, através dos valores dos estoques (materiais, produtos em elaboração e produtos acabados). Esse método é também conhecido em contabilidade como o método de inventário periódico. Os custos (ou as saídas dos vários tipos de estoques) são calculados indiretamente, portanto. Acrescentou-se o termo *real* para dar ênfase ao fato de que, contando-se os estoques e avaliando-os por qualquer critério (com base em custos históricos) , vamos chegar a valores que estão mais perto da realidade.[13]

Com o objetivo de demonstrar como se usa o modelo elaboramos um exemplo:

A Cia AB iniciou suas atividades em 1º-01-x1.

---

[13] LEONE, George S.G. (1997) pg. 80,81

BALANCETE ERA FORMADO PELAS SEGUINTES CONTAS:

| Conta | Débito | Crédito |
|---|---|---|
| - Compras de matérias-primas | 14.000.000, | |
| - Vendas | | 15.500.000, |
| - mão-de-obra indireta | 3.000.000, | |
| - despesas de energia | 200.000. | |
| - despesas administrativas | 1.800.000, | |
| - materiais diversos consumidos fabr. | 4.000.000, | |
| - despesas com materiais de escritório | 240.000, | |
| - equipamentos de entrega | 1.000.000, | |
| - duplicatas a receber | 2.500.000, | |
| - depreciação Equipamentos entrega | 100.000, | |
| - Depreciação Equipamentos produção | 200.000, | |
| - caixa | 1.500.000, | |
| - despesas financeiras | 260.000, | |
| - Deprec.acum.Equipam. produção | (200.000) | |
| - Deprec.acum.Equipam. entrega | (100.000) | |
| - Empréstimos | | 4.000.000, |
| - Fornecedores | | 2.000.000, |
| - Capital | | 15.000.000, |
| - Equipamentos de produção | 2.000.000, | |
| - mão-de-obra direta | 6.000.000, | |
| Total | 36.500.000, | 36.500.000, |

**Informações complementares:**

A empresa fabricou os produtos A, B e C nas seguintes quantidades: A = 50.000 kg; B = 30.000 kg; C = 20.000 kg. A matéria-prima é a mesma para cada produto. O apontamento de mão-de-obra direta mostrou que se gasta o mesmo tempo tanto para produzir 1,0 kg de A como 0,5 kg de B ou 0,4 kg de C. Os custos indiretos são alocados proporcionalmente a matéria-prima:

**Dados os ajustes:**

a) o estoque final de matéria-prima foi avaliado em 7.000.000; e

b) o estoque final de produtos acabados era igual a 30% do total fabricado de cada um.

**Pede-se:**
a) determine o valor da produção de cada um dos três produtos;
b) determine o valor do estoque final para cada um dos três produtos, sabendo que as vendas foram: 8.500.000 para o produto A, 4.000.000 para o B e 3.000.000 para o C;

No modelo *indireto real*, os custos são calculados após os registros contábeis e seguem basicamente cinco passos:
a) classificar e separar custo e despesa;
b) calcular o consumo de matéria-prima;
c) calcular o custo de produção CP = MP + MOD + CIF;
d) calcular o custo do produto acabado CPA = E.I.Prod.em Elab. + CP - EFProd.em Elab.
e) calcular o custo do produto vendido CPV = EIPA + CPA - EFPA
   onde:
CP = custo de produção;
MP = matéria-prima;
MOD = mão-de-obra direta;
CIF = custo indireto de fabricação
CPA = custo do produto acabado;
EIProd.em Elab. = estoque inicial de produtos em elaboração;
EFProd.em Elab.= estoque final de produtos em elaboração;
CPV = custo do produto vendido;
EIPA = estoque inicial de produtos acabados;
EFPA = estoque final de produtos acabados.

**Passo 1**

| Despesas | | Custos Indiretos | |
|---|---|---|---|
| - desp.deprec.equip.entrega | 200.000 | - materiais diversos cons.fab. | 4.000.000 |
| - desp. Administrativas | 1.800.000 | - depreciação | 200.000 |
| - desp. Mat. Escritório | 240.000 | - mão-de-obra indireta | 3.000.000 |
| - desp. Financeiras | 260.000 | | |
| - desp. Deprec. Equip. entrega | 100.000 | | |
| Total | 2.600.000 | Total | 7.200.000 |

**Passo 2**
Consumo de matéria prima:
Compras 14.000.000 − Estoque final 7.000.000 = consumo
7.000.000 / 100.000kg = 70 kg
- produto A - 50.000 kg x 70 = 3.500.000kg
- produto B - 30.000 kg x 70 = 2.100.000kg
- produto C - 20.000 kg x 70 = 1.400.000kg

**Passo 3**
- mão-de-obra direta
- produto A = 50.000kg x  1 = 50.000
- produto B = 30.000kg x  2 = 60.000
- produto C = 20.000kg x 2,5 = 50.000

produto A = 50.000 x 37,50 = 1.875.000
produto B = 60.000 x 37,50 = 2.250.000
produto C = 50.000 x 37,50 = 1.875.000
{6.000.000 / 160.000 = 37,50}
Custo indireto de produção
7.200.000 / 100.000 kg = 72
- produto A = 50.000kg x 72 = 3.600.000
- produto B = 30.000kg x 72 = 2.160.000
- produto C = 20.000kg x 72 = 1.440.000
Despesas
2.600.000 / 100.000kg = 26
- produto A = 50.000kg x 26 = 1.300.000
- produto B = 30.000kg x 26 =   780.000
- produto C = 20.000kg x 26 =   520.000

| Discriminação | produto A | produto B | Produto C |
|---|---|---|---|
| - matéria-prima | 3.500.000 | 2.100.000 | 1.400.000 |
| - mão-de-obra direta | 1.875.000 | 2.250.000 | 1.875.000 |
| - custo indireto de produção | 3.600.000 | 2.160.000 | 1.440.000 |
| - despesas | 1.300.000 | 780.000 | 520.000 |
| Total | 10.275.000 | 7.290.000 | 5.235.000 |
| Unitário | 205,50 | 243,00 | 261,75 |

> **Observação**
> Os custos indiretos e as despesas, comuns a todos os produtos, para que seja apropriado a cada produto, precisa-se usar um critério para apropriação dentre vários possíveis, nesse caso nós usamos a produção total (100.000kg), como poderia ser outro critério, depende sempre do profissional encarregado de custos que utiliza o critério que mais representa a realidade da empresa.

**Passo 4**
10.275.000 + 7.290.000 + 5.235.000 = 22.800.000

**Passo 5**
Estoque final:
- produto A 50.000kg x 30% = 15.000kg x 205,50 = 3.082.500
- produto B 30.000kg x 30% =  9.000kg x 243,00 = 2.187.000
- produto C 20.000kg x 30% =  6.000kg x 261,75 = 1.570.500
Total                                           = 6.840.000
C.P.V.
- produto A = 10.275.000 - 3.082.500 =      7.192.500
- produto B =  7.290.000 - 2.187.000 =      5.103.000
- produto C =  5.235.000 - 1.570.500 =      3.664.500
Total                                =      5.960.000

### 1.6.3 Modelo Direto Real

O modelo direto real é aquele usado pelas empresas de grande porte porque a Contabilidade de Custos custeia todas as saídas dos estoques à medida essas saídas vão acorrendo. O professor Leone batizou o método de *direto real* porque o crédito às contas de estoque pelo consumo é feita direta e imediatamente nas contas de estoques e porque o que sai dos estoques é, *a priori*, realmente o que está sendo consumido.

## 1.7 Sistemas de custeamento

Uma empresa ao produzir e vender seus produtos incorrerá em um conjunto de custos. Esses custos equivalem à remuneração dos fatores utilizados pela empresa. Para produzir e vender a empresa utiliza recursos financeiros, mão-de-obra, bens de capital, matérias-primas; e outros insumos.

Os custos são os valores monetários que a empresa tem que pagar pela utilização desses elementos, indispensáveis às suas atividades de produção e vendas. Daí a importância que se deu ao estudo do custo, seu comportamento e sua sistematização.

Na definição do sistema de custos mais adequado, diversos fatores devem ser considerados, como afirma Lima (2000, p.49-51), tais como:

a) **plano de centros de custos** - para acumulação dos custos de fabricação deve ser bem definido o plano de centro de custos, sendo que em cada um deles devem ser acumulados custos homogêneos;

b) **plano de contas** - conhecidos os custos e as despesas por centro de custos, eles devem ser identificados por sua natureza com base no plano de contas;

c) **quantificações físicas** - um bom sistema de custos requer a existência de quantificações físicas para todos os valores monetários;

d) **relatórios gerenciais** - não há um modelo específico para um relatório gerencial. Cada relatório deve ser emitido para atender a uma necessidade específica.

Em função de cada empresa e aparelho produtivo, foram agrupadas as maneiras de se custear os produtos em dois grandes sistemas: custeamento por processo; custeamento por ordem de produção.

### 1.7.1 Custeamento por processo

É um sistema de custear produtos, onde os custos são inicialmente classificados por natureza e depois compilados por processos específicos e todos os custos são distribuídos às unidades produzidas por esses processos específicos. A soma dos custos unitários de todos os processos diferentes, pelos quais os produtos passam na jornada de fabricação, resulta no custo do produto.

Cashin e Polimeni (1982, p.248) afirmam que "o custeio por processo é um sistema de acumulação de custos de produção por departamento ou centro de custos. Um departamento é uma divisão funcional importante numa empresa, no qual são desempenhados os processos de produção."

De acordo com Leone (1991, p. 281-282), o custeamento por processo apresenta algumas características específicas do sistema:

a) a produção é feita para o estoque e a partir deste estoque os produtos são vendidos para qualquer cliente;

b) a produção é contínua ou em massa;

c) a produção consiste em unidades iguais, submetendo-se cada unidade ao mesmo processamento;

d) o produto é fabricado atravessando vários processos produtivos. O material entra no primeiro processo e começa a ser transformado. Na saída de um processo, o produto parcial, ou o componente, ganhará a dimensão de produto acabado, mas será considerado como material para o processo para onde está sendo transferido;

e) cada processo é considerado uma pequena fábrica, independente dos demais processos;

f) em alguns tipos de produção em processo, os fluxos de recursos produtivos são diferentes, resultando dessa característica certas dificuldades para a acumulação, a análise e controle dos custos.

Martins (1990, p.125) afirma que, " na produção contínua, os custos são acumulados em contas ou folhas representáveis das diversas linhas de produção; são encerradas essas contas sempre no fim de cada período". Não há encerramento das contas à medida que os produtos são elaborados e estocados, mas apenas quando do fim do período; na apuração por processo não se avaliam custos unidade por unidade, e sim à base do custo médio do período.

É importante destacar que o sistema de custeamento por processo apresenta algumas características específicas na acumulação, na demanda de quantidade de recursos e padronização do produto. Em determinadas empresas é importante a utilização do sistema de custeamento por processo, desde que seja feito uma avaliação dos benefícios esperados da contabilidade de custos.

### 1.7.2 Custeamento por ordem de produção

É o sistema de custos que acumula e registra dados de operações das fábricas que trabalham sob regime de encomenda. Numa fábrica que produz produtos (ou serviços) por encomenda, o trabalho começa com o pedido do cliente. A empresa faz um orçamento do serviço ou do produto para discussão com o cliente. Aprovado o orçamento, a gerência autoriza a fábrica a produzir o produto, isto é, a gerência emite uma ordem para produzir. A ordem de produção deverá conter todos os dados da produção. À unidade industrial caberá a realização do planejamento da produção e do controle dessa produção.

Este sistema também pode ser utilizado em empresas que produzem lotes, como é o caso da indústria farmacêutica, de cosméticos, de laticínio etc. Os fatores de produção são adquiridos especialmente para essa produção. O consumo desses fatores produtivos é controlado individualmente, isto é, sabe-se perfeitamente o que está sendo consumido, por quem e com que finalidade.

Neste sentido Leone (1997, p. 190-191) afirma que:
"...chamar o sistema de custos por OP, não significa que o sistema somente se destina a acumular os custos de produção. Observe que é um termo genérico que deseja denvolver todos os sistemas de acumulação de custos que se baseiam nos mesmos procedimentos do sistema de ordens de fabricação adotados por qualquer empresa industrial que trabalhe sob o regime de encomendas específicas dos clientes em que os produtos são diferenciados ou em são fabricados em lotes específicos. É preciso que fique desde logo muito claro a característica básica das atividades, fabris ou de serviços, que indicam a adoção do sistema de custos por ordem de produção (OP)."

A utilização do sistema de custeamento por ordem de produção requer da empresa algumas condições, Leone (1997, p. 198) apresenta, de forma genérica, as condições para que a gerência da empresa se sinta confortável com o emprego do sistema:
a) quando um número pequeno de unidades de produto;
b) quando cada unidade de produto, ou uma pequena quantidade deles, são identificados ou distinguidos;
c) quando há uma clara definição de data de início de produção e, sobretudo, da data de seu término;
d) quando os produtos ou as bateladas são produzidas de acordo com especificações dos clientes, portanto são produtos heterogêneos;
e) quando a empresa estiver suficientemente organizada a ponto de possibilitar que a maior parte dos recursos produtivos sejam identificados com cada uma das produções na medida em que forem sendo consumidas.

Há uma variedade de tipos de ordens de produção, como destaca Leone (1997, p. 195), ordens de serviços, ordens de obras, ordens de tarefa, ordem de serviços não faturáveis, ordens de fabricação, ordens para estoque etc.

No custeamento por ordem de produção, o tratamento contábil segundo Martins (1990, p. 125) apresenta, "os custos são acumulados numa conta específica para cada ordem ou encomenda. Essa conta só pára de receber custos quando a ordem estiver encerrada. Se terminar um exercício e o produto estiver ainda em processamento, não há encerramento, permanecendo os custos até então incorridos na forma de bens em elaboração, no ativo".

Leone (1997, p. 198-199) aponta como vantagens de uso deste sistema o que segue:
a) permite que o administrador identifique os produtos que dão maior ou menor margem de lucro;
b) os custos de uma ordem são, via de regra, ligeiramente diferentes de outra para produtos do mesmo tipo, ou pouquíssimo diferenciados, o que serve de base à estimativa de futuros pedidos;
c) a administração passa a controlar de forma mais direta e mais imediata sem se apoiar em um inventário físico;
d) é normal nas encomendas de alto valor, a empresa receber do cliente, por antecipação, substancial parcela em dinheiro. À

medida que o processo produtivo vai se desenvolvendo, é, também, comum que novas parcelas sejam pagas. Os custos acumulados em cada ordem de fabricação, até um determinado estágio da produção, podem servir de base para o estabelecimento de valores a serem cobrados do cliente.

Como desvantagens do uso de ordens de produção, Leone (1997, p. 199) apresenta as seguintes:
a) as despesas burocráticas são elevadas, em razão do volume de dados e do pessoal necessário;
b) os custos acumulados na ordem de fabricação são históricos, vindo a administração a conhecê-los, após o fechamento da ordem, quando do término da produção.

O sistema de custeamento por ordem de produção é importante pelas informações que apresenta, os fatores de produção são adquiridos especialmente para cada ordem de produção. O consumo desses fatores produtivos é controlado individualmente, isto é, sabe-se perfeitamente o que está sendo consumido, por quem e com que finalidade. São essas características que justificam a sua importância.

### 1.8 Métodos de custeio

Quando se pensa em identificar os custos de uma atividade empresarial, independentemente de ser indústria, comércio ou prestação de serviços, uma preocupação está relacionada ao método de custeio a ser utilizado para que os custos identificados (calculados) sejam os verdadeiros.

### 1.8.1 Custeio por absorção

Com relação ao custeio por absorção, Florentino (1983, p. 37) afirma que "no custeamento por absorção procura-se descarregar ao máximo toda a gama de custos existentes na empresa, mas assim mesmo, em certos casos, os gastos de caráter tipicamente de administração geral poderão ficar fora da absorção e ser levados ao resultado".

Por outro lado, Martins (1998, p. 41-42) afirma que, "custeio por absorção é o método derivado da aplicação dos princípios de contabilidade geralmente aceitos. Consiste na apropriação de todos os custos de produção aos bens elaborados, e só os de produção; todos os gastos relativos ao esforço de fabricação são distribuídos para todos os produtos feitos".

O custeio por absorção apresenta algumas vantagens, conforme, Padoveze (2000, p. 50) a saber:

a) a mais óbvia é que ele está de acordo com os princípios fundamentais da contabilidade e às leis tributárias. Esse método reconhece a importância dos custos fixos de manufatura. Este método sustenta que todos os custos de manufatura são custos do produto;

b) o custeio por absorção pode ser menos custoso de implementar, vez que ele não requer a separação dos custos de manufatura nos componentes fixos e variáveis;

c) para propósitos de relatórios contábeis externos, o conceito de custeio por absorção está bem firmado.

Para se trabalhar com custeio por absorção faz-se necessário a utilização de planilhas ou mapas de localização de custos (MLC). Materialmente, o mapa de localização de custos (MLC) se apresenta sob a forma de um mapa ou planilha, de dimensões variáveis e de acordo com os centros de custos e chaves de rateio, observadas as particularidades de cada empresa.

A utilização do custeio por absorção necessita de algumas ferramentas e passos, segundo afirma Leitão Filho (2000, p. 193-194). Os passos desse fluxo de custeio são:

a) classificação dos departamentos/função de área industrial;
b) identificação, apontamento e acumulação de CIF de cada função produtiva e de serviços;
c) definição de hierarquia da alocação dos custos;
d) análise de fatores-chave para a determinação dos critérios de rateio dos CIF das funções;
e) preparação do mapa de rateio do CIF entre os departamentos/funções produtivas e de serviço;
f) análise dos fatores-chave e escolha de critérios de rateio dos custos indiretos totais;
g) preparação do mapa de rateio de CIF entre os diversos produtos.

No mapa ou planilha, as espécies de custos são locadas nas linhas e os centros de custos nas colunas. Neste mapa são registrados todos os custos operacionais e administrativos, diretos e indiretos, relativos à produção, ocorridos em um determinado período. O registro é efetuado de acordo com a natureza do custo (espécie) e o local onde ocorre (centro de custo).

Os custos diretos como a matéria prima e a mão-de-obra direta são incluídos na planilha. Há, porém, a possibilidade de lançá-los em campo à parte, obtendo-se, então, um panorama global dos custos ocorridos durante o período, com estes elementos de custos, desde que sejam eles altamente significativos, estabelecendo-se as relações a que se pretende.

As fontes principais de dados para o preenchimento dos mapas são a folha de pagamento, classificada por centro de custos ou, ainda, boletins de mão-de-obra; as planilhas de registros das quotas de depreciação do centro de custo; o controle de estoque, dados relativos aos insumos auxiliares. A contabilidade financeira é a fonte mais ponderável de dados para o mapa de localização de custos, pois ela fornece os valores referentes aos impostos, seguros, custos bancários, viagens, representações, telegramas, serviços etc.

A caracterização dos centros de custos é uma das primeiras atividades para a implantação do método de custeamento por absorção, e o conseqüente desenho do mapa.

Segundo Martins (1998, p. 71), "na maioria das vezes, um departamento é um centro de custos, ou seja, nele são acumulados os custos indiretos para posterior alocação aos produtos ou departamentos".

Os centros de custos podem ser caracterizados de diversas maneiras, como por exemplo, locais físicos (salas pavilhões, repartições, prédios etc.); agrupamento de atividades afins (estampagem, pintura, galvanização etc.); tipos semelhantes de maquinaria (tornos, frezadeiras) ou uma só (torno revólver, furadeira radial, secador contínuo de lâminas etc.); áreas de responsabilidade, e outras.

Após identificados os centros de custos, estes recebem uma denominação e/ ou um código destinado a facilitar o processo de apropriação dos custos gerados em cada centro. A atenção do analista deve estar voltada para a flexibilidade dessa identificação, pois, ocorrendo qualquer alteração no equipamento, prédio ou processo produtivo, possa ela ser, de imediato, readequada às suas finalidades.

Os centros de custos são classificados em centros produtivos – aqueles cujas atividades internas estejam voltadas notadamente para a produção de bens e serviços; centros auxiliares – são os destinados à prestação de serviços ou apoio aos centros produtivos, tais como o almoxarifado, casa de força, casa de compressores, caldeiras etc.

A utilização de mapas ou planilhas, na adoção do custeio por absorção, é uma forma de facilitar a utilização do sistema, ou seja, é uma técnica de identificação, porém pode-se utilizar o custeio por absorção sem o emprego dessa técnica.

### 1.8.2 Custeio direto

Florentino (1983, p. 37), " a técnica do custeio direto, que segue o princípio de não ratear e não distribuir ao custo dos produtos ou dos serviços as parcelas de custos fixos. Na técnica do custeio direto todos todos os custos diretos variáveis são imputados aos custos dos produtos ou serviços mediante sistemas de apuração e medição".

Segundo Leone (1997, p. 323), "o critério de custeio variável (direto) fundamenta-se na idéia de que os custos e as despesas que devem ser inventariáveis, serão apenas aqueles diretamente identificados com a atividade produtiva e que sejam variáveis em relação a uma medida dessa atividade. Os demais custos de produção, definidos como periódicos, repetitivos e fixos, serão debitados diretamente contra o resultado do período". O custeio variável é muito útil para intervir no processo de planejamento e de tomada de decisões, até porque uma de suas potencialidades está centrada na análise da variabilidade das despesas e dos custos.

Martins (1998, p. 215) cita que o custeio variável "é muito mais conhecido por custeio direto, mas preferimos aquela forma, porque esse método significa apropriação de todos os custos variáveis, quer diretos quer indiretos, e tão-somente dos variáveis". Portanto com base no custeio direto, só são alocados aos produtos os custos variáveis, ficando os fixos separados e considerados como despesas do período, indo diretamente para resultado".

Ao contrário do que acontece com o método de custeamento por absorção, o custeamento direto não se preocupa em obter o custo unitário total de cada produto, muito embora isto seja factível, como também por linha de produtos.

O que realmente merece enfoque especial são os custos variáveis por unidade produzida. A análise dos custos por produto, por linha de produto ou para a empresa como um todo é realizada a partir dessa parcela de custo. A não preocupação em calcular o custo fixo unitário facilita enormemente a operacionalidade do sistema, atendendo com maior nível de segurança, do que o resultado obtido pelo sistema de custeamento por absorção.

O custeio direto ou variável apresenta algumas vantagens e desvantagens Padoveze (2000, p. 48-49) apresenta como vantagens as seguintes:

a) o custo dos produtos são mensuráveis objetivamente, pois não sofrerão processos arbitrários ou subjetivos de distribuição dos custos comuns;

b) o lucro líquido não é afetado por mudança de aumento ou diminuição de inventários;

c) os dados necessários para a análise das relações custo-volume-lucro são rapidamente obtidos do sistema de informação contábil;

d) é mais fácil para os gerentes industriais entenderem o custeamento dos produtos sob o custeio direto;

e) o custeamento direto é totalmente integrado com o custo padrão e o orçamento flexível, possibilitando o correto controle de custos;

f) o custeamento direto constitui um conceito de custeamento de inventário que corresponde diretamente aos dispêndios necessários para manufaturar os produtos;

g) o custeamento direto possibilita mais clareza no planejamento do lucro e na tomada de decisões;

h) o custeio direto oferece mais informações úteis e relevantes para a tomada de decisão, principalmente por evidenciar, de forma clara e objetiva, a margem de contribuição que a instituição precisa ter para suportar determinado volume de atividade, de modo a absorver os seus custos fixos e gerar resultados favoráveis.

Como desvantagens do custeio direto menciona as seguintes:
a) a exclusão dos custos fixos indiretos para valoração dos estoques causa a sua subavaliação, fere os princípios contábeis e altera o resultado do período;
b) na prática a separação dos custos fixos e variáveis não é tão clara como parece;
c) o custeamento direto é um conceito de custeamento e análise de custos para decisões de curto prazo.

O custeio variável apresenta como sua principal característica a tomada de decisão, já que as informações geradas fornecem subsídios que possibilitam aos administradores avaliarem o desempenho das atividades empresariais com firmeza e segurança.

### 1.8.3 Custeio pleno

Segundo Nascimento e Vartanian (1999, p. 34), "método de custeio pleno é aquele em que todos os custos e despesas de uma entidade são levados aos objetos de custeio, normalmente unidades de produtos e/ou ordens de serviço".

O produto do método de custeio pleno é o denominado custo pleno, um número agregado médio obtido para as unidades do objeto de custeio em questão.

A história do método tem sua origem no início do século XX, uma forma de alocação de custos e despesas muitíssimo conhecida no nosso meio brasileiro por RKW (Reichskuratorium für Wirtschaftlichtkeit).

Segundo Nascimento e Vartanian (1999, p. 36), os principais períodos que marcaram o método foram:
a) por volta de 1900, engenheiros em muitas empresas metalúrgicas demandavam informações acerca do custo de seus produtos, para que pudessem propor preços de venda acurada e racionalmente. Virtualmente todos os engenheiros, contadores de custos, viam o custo do produto como consistindo de uma porção de todos os custos incorridos na firma, não somente os custos da fábrica;

b) na Europa, o primeiro indício moderno de uso do método de custeio pleno se deu na França, em 1832, quando Simon concebeu a idéia de que não deveriam haver custos de período, mas que deveriam ser alocados aos processos produtivos;
c) no que tange ao sinônimo brasileiro do método de custeio pleno, o popular RKW, sua origem oficial pode ter se dado na Alemanha em 11 de novembro de 1937.

A aplicabilidade do método apresenta algumas dificuldades práticas e limitações conceituais para o uso, de acordo com Perez Jr., Oliveira e Costa (1999, p. 269), como segue:
a) como encontrar o custo unitário do produto (CPV) no dia-a-dia, já que ele contém uma parcela de custo fixo total;
b) como encontrar as despesas operacionais por unidade, no dia-a-dia;
c) as oscilações no volume de produção e seus efeitos no custo fixo unitário não são considerados;
d) os vários rateios necessários para alocar os custos fixos aos departamentos e destes aos produtos trazem consigo muitas distorções.

Nascimento e Vartanian (1999, p. 38) também apresentam quatro grandes limitações como segue:
a) primeira - ele não leva em consideração a elasticidade da procura. Admite-se que a procura não pode ser calculada prontamente, mas um sistema de preços que depende inteiramente dos custos dificilmente pode ser realista para a maioria dos negócios;
b) segundo - ele deixa de levar em conta a concorrência. Uma empresa não pode operar no vácuo. Ela não deve presumir que suas funções estejam necessariamente sendo desempenhadas com eficiência máxima e que se pode fazer abstração dos preços mais baixos dos concorrentes;
c) terceiro - o método de custo pleno não distingue entre os custos fixos e os variáveis. Uma empresa que adota este sistema tenderia a rejeitar as encomendas que não cubram, pelo menos, os custos totais do produto;
d) quarto - no método de custo pleno, aplica-se aos custos dos produtos uma percentagem uniforme, como provisão para os lucros.

Ao contrário das limitações, Nascimento e Vartanian (1999, p. 36) cita que:
"...aplicações do método de custeio pleno são eminentemente gerenciais. Os primeiros usos observados desse tipo de informação de custos, na época em que engenheiros mecânicos desempenhavam o papel de contadores de custos, com grande destaque, consistiam na monitoração de eficiência de processos fabris e de produtos. Como principal vantagem o mérito do método de custeio pleno é o fato de serem levados em conta todos os gastos ocorridos em uma organização, sem exceções".

O sistema de custos através do método de custeio pleno é de aplicabilidade exclusivamente gerencial e pode ser utilizado nas empresas dependendo das informações que se pretende extrair.

### 1.8.4 Activity Based Costing (ABC)

O custeio baseado em atividades (Activity Based Costing) tem como razão principal o tratamento dado aos custos indiretos, procurando dar uma melhor alocação aos mesmos. É uma metodologia de custeio que procura reduzir as distorções provocadas pelo rateio arbitrário dos custos indiretos.

Martins (1998, p. 112) cita que "o ABC é uma ferramenta que permite melhor visualização dos custos através da análise das atividades executadas dentro da empresa e suas relações com os produtos".

No entanto, Cogan (1995, p. 14) ressalta que no Activity Basead Costing, (ABC), "o conceito não se restringe apenas aos custos fabris. Trata-se de outro paradígma, pois no passado o custo de fabricação dos produtos representava, na maioria dos casos, a maior parcela das despesas totais que compõem os preços de vendas".

Nakagawa (1994, p. 40) explica que, "trata-se de uma metodologia desenvolvida para facilitar a análise estratégica de custos relacionados com as atividades que mais impactam o consumo de recursos de uma empresa".

De acordo com Martins (1998, p. 100), "uma atividade é uma combinação de recursos humanos, materiais, tecnológicos e financeiro para se produzirem bens ou serviços. É composta por um conjunto de tarefas necessárias ao seu desempenho. As atividades são necessárias para a concretização de um processo, que é uma cadeia de atividades correlatas, inter-relacionadas".

No que concerne às premissas do sistema ABC, Catelli e Guerreiro (1994, p. 39) mencionam que:

"Esse sistema parte da premissa de que as diversas atividades desenvolvidas pela empresa geram custos, e que os diversos produtos consomem/utilizam essas atividades. Na operacionalização do sistema, procura-se estabelecer a relação entre atividades e produtos, utilizando-se o conceito de cost drivers, ou direcionadores de custos. Apuram-se os custos das diversas atividades, sendo esses custos alocados aos produtos via direcionadores."

Nakagawa (1994, p. 39) afirma que, "no método de custeio baseado em atividades, ou ABC, assume-se como pressuposto, que os recursos de uma empresa são consumidos por suas atividades e não pelos produtos que ela fabrica. Os produtos surgem como conseqüência das atividades consideradas estritamente necessárias para fabricá-los e/ou comercializá-los, e como forma de se entender as necessidades, expectativas e anseios de clientes".

Segundo Leone (1997, p. 257-258), "o critério ABC centraliza seus esforços na busca de análise mais ampla e profunda da função industrial, separando-a em suas diversas atividades, tanto quanto à função-meio como à função fim". O critério ABC aloca os custos e as despesas indiretas às atividades. As bases de alocação, em todos os critérios de custeio, têm a mesma natureza. Elas devem representar o uso que as atividades e os centros de responsabilidade fazem dos recursos indiretos ou comuns.

Os contadores que empregam o critério ABC dizem que as atividades que comsumiram os recursos e as bases para proceder a alocação são chamados de *direcionadores de recursos* o procedimento é o mesmo e as limitações, portanto, são as mesmas. Entretanto, uma vez que o critério ABC faz uma análise mais minunciosa das operações, as limitações tendem a crescer de importância.

O custeio baseado em atividades não trata a classificação das despesas e custos indiretos em variáveis e fixos. Todos os custos e despesas são alocados às atividades e, por meio destas, aos produtos e serviços. Nesse caso, o critério ABC adota plenamente a filosofia do custeio por absorção, do mesmo modo que os demais sistemas, exceto, é claro, os sistemas que se fundamentam na filosofia do custeio direto.

A atribuição de custos às atividades, conforme Martins (1998, p. 102), deve ser feita de forma mais criteriosa possível, de acordo com a seguinte ordem: alocação direta; rastreamento e rateio. A alocação direta se faz quando a identificação está clara, direta e objetiva. O rastreamento é uma alocação com base na identificação da relação de causa e efeito entre a ocorrência da atividade e a geração dos custos. Essa relação é expressa através de direcionadores de custos. São exemplos de direcionadores o número de empregados; área ocupada; tempo de mão-de-obra (hora-homem) etc. O rateio é usado apenas quando não há possibilidade de utilizar nem a alocação direta nem o rastreamento.

Uma das grandes vantagens do ABC, conforme Martins (1998, p. 313), frente a outros sistemas de custos mais *tradicionais* é que ele permite uma análise que não se restringe ao custo do produto, sua lucratividade ou não, sua continuidade ou não etc., mas permite que os processos que ocorrem dentro da empresa também sejam custeados.

Campiglia e Campiglia (1998, p. 432) resaltam que o ABC não está preocupado em segregar custos e despesas, mas procura separar atividades que adicionam valor aos produtos.

Beuren (1992, p. 31) explica que as "atividades que agregam valor são aquelas que absorvem recursos transformando-os em produtos ou serviços compatíveis com as necessidades dos clientes".

De acordo com Martins (1998, p. 304), o ABC visa basicamente a análise dos custos sob duas visões:
a) a visão econômica de custeio, que é uma visão vertical, no sentido de que apropria os custos aos objetos de custeio através das atividades realizadas em cada departamento; e

b) a visão de aperfeiçoamento de processos, que é uma visão horizontal, no sentido de que capta os custos dos processos através das atividades realizadas nos vários departamentos funcionais.

O método de custeio é importante no momento do cálculo do custo na empresa e para se escolher por um determinado método deve-se observar as razões que justifiquem. A opção pelo ABC, conforme Nakagawa (1994, p. 28-30), justifica-se pelas seguintes razões:

a) o ABC não é mais um método de acumulação de custos para fins contábeis, ou seja, não apura o custo de produtos e serviços para a elaboração de balanços e demonstração de resultados;

b) o ABC é um novo método de analise de custos, que busca *rastrear* os gastos de uma empresa para analisar e monitorar as diversas rotas de consumo dos recursos *diretamente identificáveis* com suas atividades mais relevantes, e destas para os produtos e serviços;

c) o ABC tem como objetivo facilitar a mudança de atitudes dos gestores de uma empresa, a fim de que estes, paralelamente à otimização de lucros para os investidores, busquem também a otimização do valor dos produtos para os clientes. Em se tratando do campo de aplicação do sistema ABC, Leone (1997, p. 265-266) menciona que sua aplicação poderá trazer benefícios em termos de melhores informações gerenciais quando:

1. o montante de despesas e dos custos indiretos passa a ser substancial concomitantemente à perda de relevância do montante dos custos da mão-de-obra direta, diante do custo total da produção;
2. os investimentos em equipamentos fabris são altos, resultando em mudanças significativas no processo de produção e fazendo com que os custos e despesas indiretas se tornem quase totalmente fixos;
3. a fábrica produz grandes volumes de produtos diferentes que atendem as múltiplas necessidades de uma grande quantidade de consumidores diferentes;
4. as operações, principalmente fabris, podem ser analisadas com facilidade, favorecendo a aplicação de técnicas mais so-

fisticadas que atendam a uma relação favorável entre custos e benefícios;
5. as empresas dispõem de sistemas de informação automatizados que não só controlam os processos produtivos, como também podem controlar o consumo dos diversos insumos.

O custeio baseado em atividades (Activity Based Costing) apresenta como sua principal característica a identificação dos custos baseado nas atividades da empresa em estudo, ou seja, a visão da estrutura de custos é analisada pela horizontal onde se identifica a atividade como um todo. A principal diferença em relação aos outros métodos está exatamente no tratamento dos custos indiretos via atividade na horizontal.

*Identificação das atividades relevantes*

Ao se trabalhar com o método ABC, uma tarefa importante é a definição das atividades, ou identificação das atividades relevantes.

Uma atividade é uma combinação de recursos humanos, materiais, tecnológicos e financeiro para se produzirem bens ou serviços. É composta por um conjunto de tarefas necessárias ao seu desempenho. As atividades são necessárias para a concretização de um processo, que é uma cadeia de atividades correlatas, inter-relacionadas.[14]

Exemplo de atividades relevantes dos departamentos

| Departamento | Atividade |
|---|---|
| - Compras | - compra de materiais, desenvolver fornecedores, etc. |
| - Almoxarife | - receber materiais, movimentar materiais, etc. |
| - Administração da produção | - programar produção, controlar produção, etc. |
| - Corte e costura | - cortar, costurar, etc. |
| - Acabamento | - acabar, despachar produto, etc. |

É importante observar que para cada atividade deve-se atribuir o respectivo custo e um direcionador.

---
[14] MARTINS, Eliseu (1998, p. 100)

Exemplo de custo de atividade:
- custo de remuneração = salários + encargos + benefícios;
- custo de uso das instalações = aluguel + importo predial + água + luz;
- custo de comunicação = telefone + fax + correio;
- custo de viagens = locomoção + hotel + refeições;

A primeira fonte de dados para custear as atividades é o razão geral da empresa. Outra maneira de identificar os custos das atividades é através de entrevistas junto aos responsáveis pelos departamentos.

A atribuição dos custos às atividades deve ser feita de forma mais criteriosa possível, de acordo com a seguinte ordem:
1- alocação direta;
2- rastreamento;
3- rateio.

A alocação direta se faz quando a identificação está clara, direta e objetiva. Por exemplo, com depreciação de uma máquina é fácil identificar a atividade.

rastreamento é uma alocação com base na identificação da relação de causa e efeito entre as acorrência da atividade e a geração dos custos. Essa relação é expressa através de direcionadores de custos.

Exemplo de direcionadores:
- número de empregados;
- área ocupada;
- tempo de mão-de-obra (hora-homem);

O rateio é usado apenas quando não há possibilidade de utilizar nem a alocação direta nem o rastreamento.

Os métodos de custeio, são as formas utilizadas para a determinação ou identificação dos custos de um produto ou serviço. Cada método de custeio apresenta suas características, com formas específicas de identificação dos custos. O profissional de contabilidade deve verificar qual dos métodos fornece maiores e melhores informações aos gestores empresariais para então decidir pelo uso de um dos métodos.

## 1.8.5 Custo-meta (target cost)

Conceitualmente, o custo obtido pela subtração de um preço estimado (ou preço de mercado) da margem de lucratividade desejada, com o objetivo de atingir um custo de produção, igualmenete desejado.

Conforme afirma Perez Jr., Oliveira e Costa (1999, p. 266), "o custo-alvo não precisa corresponder ao custo de produção inicialmente esperado. O custo alvo, ou target costing, que é um método utilizado na análise de produtos e desenhos de processos, envolvendo a estimativa de um custo-alvo e, conseqüentemente, o desenvolvimento de um produto que atinja esse alvo.

### Exemplo

Uma determinada empresa trabalha com três produtos A,B e C e apresenta os seguintes custos:

| Insumos | Produto A | Produto B | Produto C |
| --- | --- | --- | --- |
| - matéria-prima | 6,00 | 8,00 | 10,00 |
| - material secundário | 3,00 | 2,00 | 2,00 |
| - custo fixo unitário | 4,00 | 5,00 | 4,00 |
| Total | 13,00 | 15,00 | 16,00 |

**Outros dados:**
Os custos variáveis de vendas correspondem a 26%;
A margem de lucro pretendida pela empresa sobre a venda é de 10%.
Com base nos dados, o preço de vendas de cada produto, seria o seguinte:
Produto A = R$ 13,00 / 64% = R$ 20,30
Produto B = R$ 15,00 / 64% = R$ 23,40
Produto C = R$ 16,00 / 64% = R$ 25,00

Após um levantamento do mercado consumidor, através de pesquisa, constatou-se que o mercado pode absorver os produtos com o seguinte preço:
- produto A = R$ 19,00
- produto B = R$ 20,00
- produto C = R$ 22,00

A empresa só consegue vender seu produto, se ofertar ao preço que o mercado está disposto a pagar, ou seja, R$ 19,00, R$ 20,00 e R$ 22,00 aos produtos A, B e C respectivamente.

Como os diretores e acionistas da empresa determinam que a taxa de lucratividade deve se manter no mínimo de 10% sobre a venda, os produtos para serem comercializados e a taxa de lucratividade se manter, só seria possível se o custo de cada produto for:
- produto A = R$ 17,10
- produto B = R$ 18,00
- produto C = R$ 19,80.

## 1.8.6 Custo-Padrão

O custo padrão é um custo referência, para efeito de controle, o qual é estimado a partir de quantidades e valores, respectivos, atuais. O custo real é apurado em função de dados levantados na operação ou na época da fabricação de um produto. Apurado o custo real e fixado o padrão ao administrador oferece-se a possibilidade de comparação. Da variação apurada partirá ele para estudar as causas, desde que esta variação, é efetivamente, um efeito.

No sistema de custeamento por processo o custo-padrão de um produto carrega consigo os custos fixos que lhe são rateados. Em conseqüência, os desvios podem ser oriundos não só pela variação dos preços de mão-de-obra, das matérias-primas, dos materiais secundários, como também pelas quantidades consumidas, além do custo fixo já rateado.

A utilização do custo-padrão, como parâmetro, será mais eficiente quando se adota um sistema de custeamento direto, visto que trabalhando somente com os custos variáveis estes sofrerão, sempre, alterações proporcionalmente a produção. Existem empresas que, mesmo adotando o sistema de custeamento por processo e método de custeio por absorção, obtém o custo-padrão de seus produtos utilizando os valores levantados, apenas, dos custos variáveis. Tal procedimento não deixa de ser uma deturpação do sistema, mas dadas as condições particulares de cada empresa, ele é possível, mas a atenção do analista deve estar voltada para os possíveis erros.

Exemplo do uso do método de custo padrão:
Uma empresa fabrica o produto Alfa, consumindo no processo:
- 5 kg. de matéria-prima;
- 1,6 m de tecido;
- 4 h de mão-de-obra direta.

Por levantamento sabe-se que os custos variáveis indiretos montam em R$ 24.000,00, e em função da programação da produção, o coeficiente de rateio desses custos, por unidade do produto alfa, é de 0,0008. Com esses dados passamos a calcular o custo padrão a saber:
- Matéria-prima: 5 kg a R$ 10,00 ................................ R$ 50,00
- Material secundário: 1,6m a R$ 3,00 ...................... R$ 4,80
- Mão-de-obra direta: 4h a R$ 8,00 ........................... R$ 32,00
- Custos variáveis indiretos (0,00-8 x 24.000) ........... R$ 19,20
Custo padrão unitário ................................................. R$ 106,00

Durante o período da produção houve variação nos insumos e, consequentemente os valores tomaram as seguintes posições:
- Matéria-prima: 5,2 kg a R$ 12,00 ............................ R$ 62,40
- Material secundário 1,6m a R$ 3,60 ....................... R$ 5,76
- Mão-de-obra direta: 3,6h a R$ 8,00 ........................ R$ 28,80
- Custos variáveis indiretos (0,0008 x 25.000) .......... R$ 20,00
Custo real unitário ..................................................... R$ 116,96

O desvio verificado foi de R$.. 10,96, ou seja, R$.. 116,96 - R$.. 106,00 - custo real menos custo-padrão.

As causas desse desvio são facilmente identificáveis, podendo o administrador localizá-las por área, por insumos e quais os problemas que acarretam na produção.

O estabelecimento do custo-padrão deve ser precedido de critérios rigorosos, podendo daí por diante ser um ótimo instrumento de apoio para:
- orçamento financeiro;
- fluxo de caixa;
- política de produção e vendas;
- controles físicos e financeiros;
- estabelecimento dos objetivos setoriais e globais.

**GESTÃO ESTRATÉGICA DE CUSTOS**

Quem utiliza o custo como uma Estratégia Empresarial, mostra saber o caminho do sucesso.

Berti, A.

# 2. Gestão Estratégica de Custos

## 2.1 Introdução

A expressão *Gestão estratégica de custos*, vem sendo utilizada nos últimos tempos para designar a integração que deve haver entre o processo de gestão de custos e o processo de gestão da empresa como um todo. Entende-se que essa integração é necessária para que as empresas possam sobreviver num ambiente de negócios crescentemente globalizados e competitivo.

Esse ambiente de competitividade global ganhou força principalmente a partir da metade da década de 70, quando empresas orientais passaram a concorrer mais fortemente em mercados ocidentais. No Brasil esse fenômeno vem ocorrendo, principalmente a partir desta década de 90, em função de maior abertura ao mercado externo.

## 2.2 Gestão de custos e preços

A partir do momento em que os seres humanos passaram a viver em grupos e a trocar os frutos de seu trabalho, houve a necessidade de determinar parâmetros de valor que possibilitassem estabelecer uma relação de troca entre os bens produzidos. A esse valor denominou-se de *preço*.

Basicamente, a determinação dos preços é resultante de três variáveis: valor de troca, valor de uso e escassez.

**- valor de troca** - representa o valor dos recursos aplicados na elaboração de um bem ou na prestação de um serviço.

**- valor de uso** - exprime a capacidade de um bem ou serviço em satisfazer determinada necessidade do consumidor e o valor pôr ele atribuído a essa vontade atendida.

**- escassez** - quanto mais raro um bem ou serviço que tenha utilidade, maior seu valor, pela dificuldade de ser adquirido.

## 2.3 Determinação do preço e processo de planejamento empresarial

A formação do preço de venda constitui-se numa das mais importantes tarefas do planejamento empresarial. Na realidade, poderíamos afirmar que a definição do preço é o resultado do processo de planejamento, refletindo os objetivos e estratégias da alta administração.

Como tal, o preço de venda acaba sendo o item mais importante de todo o planejamento, já que qualquer mudança causa um impacto direto no resultado desejado.

Entre as diversas variáveis a serem observadas para formular ações relativas aos preços, destacamos:
a) grau de consciência dos preços pelos consumidores;
b) grau de sensibilização a alterações nos preços (elasticidade da demanda);
c) o conhecimento da concorrência e seus preços;
d) a demanda esperada do produto;
e) o nível de produção e/ou vendas que se pretende ou que se pode operar;
f) os custos e despesas de fabricar, administrar e comercializar o produto;
g) os custos financeiros de gestão do produto.

## 2.4 Custo meta e custo interno

### 2.4.1 Custo meta

Representa o custo baseado nas expectativas do mercado, seu cálculo é realizado como segue:
1) a primeira tarefa consiste na definição do mercado, em que a empresa pretende atuar e a parcela de participação que deseja obter;
2) o próximo passo é uma análise detalhada do mercado, procurando identificar os concorrentes e sua participação, os preços praticados e as demais condições da operação;
3) determinam-se, então, as condições em que a empresa deverá operar para poder alcançar efetivamente a participação desejada (preço de mercado, prazos de pagamento etc.), bem como as despesas variáveis de venda que a empresa terá para realizar essa tarefa;
4) a seguir, procura-se apurar o valor do investimento necessário para produzir e comercializar as quantidades desejadas, verificadas as condições do item anterior;
5) levando-se em conta o custo de oportunidade do investidor, calcula-se o valor do retorno esperado e seu percentual sobre as vendas planejadas;
6) finalmente, o custo meta é calculado, subtraindo-se, do preço, as despesas variáveis de venda e o lucro desejado.

### 2.4.2 Custo interno

O custo interno é obtido mediante o somatório dos gastos realizados pôr uma empresa para produzir e comercializar determinado produto ou serviço.

Para a realização dessa tarefa, torna-se essencial a existência de um sistema de custeio adequado, desenvolvido de acordo com as características próprias da empresa.

**Conceitos básicos** - os conceitos fundamentais utilizados para o cálculo do custo interno são os seguintes:
- custos diretos;
- custos de estrutura;
- custos variáveis;
- custos fixos;
- despesas variáveis de vendas;
- custo de reposição a valor presente;
- padrões;
- valor presente;
- custos financeiros de produção;
- materiais diretos;
- mão-de-obra direta;
- gastos indiretos de fabricação;
- elementos de custos;
- etc.

### Estudo de Caso

A Indústria Goma LTDA, trabalha com os produtos A,B,C, e tem sua programação de produção mensal da seguinte forma: Produto A = 1.500 unidades/mês - Produto B = 1.400 unidades/mês - Produto C = 1.460 unidades/mês

A mão-de-obra direta empregada na produção é a seguinte:
- Para produzir uma unidade do produto A uma equipe de 4 pessoas gastam 40 minutos;
- Para produzir uma unidade do produto B uma equipe de 3 pessoas gastam 30 minutos;
- Para produzir uma unidade do produto C uma equipe de 4 pessoas gastam 35 minutos;
- Todos os funcionários trabalham 180 horas no mês;

Cada funcionário que trabalha na produção do produto A ganha R$ 480,00 por mês;

Cada funcionário que trabalha na produção do produto B ganha o dobro que ganha o do produto A;

Cada funcionário que trabalha na produção do produto C ganha 1/3 do que ganha o do que trabalha na produção do B;

- Matéria-Prima;
Produto A = R$ 3,80 por unidade - Produto B = R$ 3,60 por unidade - Produto C = R$ .. 4,00 por unidade.
- Outras Informações :
Depreciação total mensal da empresa é R$.. 1.100,00
Despesas Gerais Administrativas R$.. 800,00/mês
Uma secretária com salário mensal de R$.. 400,00
Dois aux. de escritório salário de cada um mensal é R$.. 360,00
Despesas mensais com telefone R$ 200,00
Despesas com água e luz média mensal R$ 500,00
Retirada total mensal de diretores R$.. 2.500,00
Encargos sociais s/salários 60% - Encargos Sociais s/ retirada 10%
Pis = 0,65% - COFINS = 3% - Comissões s/ vendas 4%
Os fornecedores de matéria prima trabalham sistema FOB 2%
As compras de matéria prima são em São Paulo (12%), já as vendas todas para Minas
- Preço de Vendas é: Produto A = R$.. 28,90 - Produto B = R$.. 32,60 - Produto C R$.. 28,40

> **Observação**
> Se você precisar distribuir os custos fixos use como critério o custo unitário da mão-de-obra direta.

Após a pesquisa de mercado consumidor constatou-se o seguinte: os produtos só terão mercado pelo seguinte preço. Produto A = R$ 27,50, Produto B = R$ 30,10, Produto C = 26,10

A lucratividade da empresa deve ser mantida, partindo dessa posição o diretor administrativo indaga ao contador de custos:

*Qual é o custo meta de cada um dos três produtos?*

**Obs:** As medidas que poderão ser aplicadas na empresa são as seguintes:
1 - reduzir o custo da matéria-prima em 6%, já que um novo fornecedor está entrando no mercado e oferece o produto com esse preço e esses fornecedores trabalham com sistema CIF.

2 - reduzir o custo fixo da empresa em 10%, mostre de que forma você faria isso.
3 - Vender 50% das vendas para outros estados que não Minas Gerais.
4 - Reduzir a comissão dos vendedores em 1%, ou seja, pagar 3%.

**Resolução do estudo:**

1) Produção mensal
- produto A = 1.500 unidades / mês
- produto B = 1.400 unidades / mês
- produto C = 1.460 unidades / mês

2) Mão-de-obra direta
- produto A R$ 480,00 / 180 h = R$ 2,67 x (160m / 60mh) = R$ 7,10
- produto B R$ 480,00 / 180 h = R$ 2,67 x 2 x (90m / 60) = R$ 8,00
- produto C R$ 5,34 / 3 = 1,78 x (35m x 4 / 60mh ) ............ =R$ 4,15

3) Custo fixo total
- Depreciação mensal ........................................... R$ 1.100,00
- despesas gerais administrativas ....................... R$    800,00
- Uma secretária ..................................................... R$    400,00
- 2 auxiliares de escritório ................................... R$    720,00
- despesas com telefone ..................................... R$    200,00
- despesas c/água e luz ....................................... R$    500,00
- retirada de diretor .............................................. R$ 2.500,00
- encargos sociais s / salários ............................ R$    672,00
- encargos soc. S/retirada ................................... R$    250,00
Total ......................................................................... R$ 7.142,00

4) Custo fixo unitário
critério Mod 7,10 + 8,00 + 4,15 = 19,25
- produto A  19,25 .... 100%
            7,10 ....  x  =  36,88%

- produto B  19,25 .... 100%
            8,00 ....  x  =  41,56%

- produto C  19,25 .... 100%
                4,15 ....   x   =   21,56%

A = R$ 7.142,00 x 36,88% / 1500 unidades = R$ 1,76
B = R$ 7.142,00 x 41,56% / 1400 unidades = R$ 2,12
C = R$ 7.142,00 x 21,56% / 1460 unidades = R$ 1,05

5) Quadro resumo unitário

| Discriminação | Prod. A | Prod. B | Prod. C |
|---|---|---|---|
| 1- Preço de vendas | 28,90 | 32,60 | 28,40 |
| 2- custo total | | | |
| - matéria prima | 3,80 | 3,60 | 4,00 |
| - FOB (2%) | 0,01 | 0,01 | 0,01 |
| - Crédito ICMS | -0,46 | -0,43 | -0,48 |
| - mão-de-obra direta | 7,10 | 8,00 | 4,15 |
| - custo fixo unitário | 1,76 | 2,12 | 1,05 |
| Custo de produção | 12,21 | 13,30 | 8,73 |
| Custo v. de vendas 25,65% | 7,41 | 8,36 | 7,28 |
| Total do custo interno unitário | 19,62 | 21,66 | 16,01 |
| 3- lucro unitário | 9,28 | 10,94 | 12,39 |
| 4- preço de mercado | 27,50 | 30,10 | 26,10 |
| 5- custo meta (4 − 3) | 18,22 | 19,16 | 13,71 |
| 6- **redução necessária** | **1,40** | **2,50** | **2,30** |
| 7- **Reduções** | | | |
| - 10% custo fixo | 0,18 | 0,21 | 0,10 |
| - diferença Custo Variável Vendas | 0,36 | 0,64 | 0,59 |
| - redução preço matéria-prima | 0,23 | 0,22 | 0,24 |
| - Redução FOB | 0,01 | 0,01 | 0,01 |
| - diferença crédito ICMS | +0,03 | +0,03 | +0,03 |
| - comissão redução de 1% | 0,27 | 0,30 | 0,26 |
| - vendas 50% difer de alíquota 3% | 0,82 | 0,90 | 0,78 |
| **Total da redução** | **1,84** | **2,25** | **1,95** |
| Resultado redução | 0,44 | (0,25) | (0,35) |

## Estudo de caso

A empresa XY, industrializa os produtos A,B, C, D, e tem controle de custo através da contabilidade, e seu rateio caso seja necessário é pela área de produção onde cada produto é fabricado num departamento, e tem os seguintes departamentos:
Departamento 1 = produto A
Departamento 2 = produto B
Departamento 3 = produto C e D, 50% cada produto
Departamento 4 = Administração e almoxarifado.
A produção mensal e o preço de vendas é o seguinte:

| Produto | Produção Mensal | Preço Venda |
|---|---|---|
| A | 2.000 Unidades | R$ 18,90 |
| B | 2.000 Unidades | R$ 19,80 |
| C | 2.000 Unidades | R$ 19,60 |
| D | 1.800 Unidades | R$ 21,00 |

Área utilizada pelos departamentos: Depto.1 = 130m2 - Dpto.2 = 250 - Dpto.3 - 180
Dpto. 4 = 100m.
O Custo fixo total mensal é R$................... 12.200,00
As compras de Matéria Prima e Embalagens são no Estado de São Paulo
As vendas do produto A é para o Estado de Minas e o produto B para S. Paulo, o produto C para o Estado de Goiás.
Comissões sobre vendas é de 3% - COFINS 3% - Pis 0,65%
Frete sistema FOB 2%.

| Produto | Matéria Prima | Embalagens | Mão O Direta |
|---|---|---|---|
| A | 3,80 | 0,90 | 0,80 |
| B | 3,70 | 0,90 | 0,90 |
| C | 4,00 | 0,80 | 0,90 |
| D | 3,50 | 0,70 | 1,10 |

### Observação
As máquinas da empresa servem para produzir qualquer produto, e por um problema técnico uma máquina que produz 1000 unidades terá que ficar 30 dias sem produzir, partindo desta informação responda

A pesquisa de mercado mostra que os produtos só poderão ser vendidos ao preço de:

| Produto | Preço Venda |
|---|---|
| A | R$. 17,90 |
| B | R$. 17,80 |
| C | R$. 18,60 |
| D | R$ 20,00 |

A empresa pretende manter a mesma lucratividade que ela teria se vender ao seu preço estabelecido no departamento de planejamento.

A empresa tem um novo fornecedor que pode oferecer a matéria prima e embalagens pelo seguinte preço:

| Produto | Matéria Prima | Embalagens |
|---|---|---|
| A | 3,20 | 0,90 |
| B | 3,10 | 1,00 |
| C | 4,00 | 0,90 |
| D | 3,10 | 0,80 |

A mesma pesquisa mostrou que os produtos A e B poderão ser vendidos no Estado de Goiás, já os produtos C e D para o Estado de São Paulo.

O diretor da empresa indaga ao contador de custos as seguintes informações:

1 - Qual é a lucratividade da empresa vendendo ao preço da empresa?
2 - Qual é o custo meta de cada produto?
3 - Qual é a produção da empresa em cada produto?
4 - Qual é o Ponto de Equilíbrio?
5 - Qual é o custo total do produto B e D no sistema de apropriação?
6 - Qual é a alavancagem operacional, considerando um aumento na produção de 10%, após as máquinas estarem todas trabalhando?

## 2.5 Planejamento e determinação da margem de lucro

A definição da margem de lucro esperada de um produto ou serviço é uma das mais importantes atividades do planejamento empresarial. É por meio dela que garantimos a remuneração do investidor e a continuidade dos negócios da empresa.

Apesar disso, a margem de lucro é estabelecida, muitas vezes, de forma arbitrária, devido à falta ou inadequação das informações utilizadas em seu cálculo.

Existem, inclusive, empresas que nem se preocupam com a definição de suas necessidades de lucro ou com a determinação de seus preços, seguindo simplesmente aqueles praticados pela concorrência, admitindo que: "se a concorrência pratica esses preços e sobrevive, é porque ela deve estar gerando um lucro satisfatório".

Tal raciocínio, aparentemente correto, pôr colocar o mercado como o fator determinante do preço, carece no entanto de conteúdo, pois não leva em conta as diferenças estruturais existentes entre as empresas, que fazem com que os custos variem diferentemente de uma para outra. Esse tipo de empresa corre o risco de ser levado à descontinuidade, quer pela incapacidade de investir, gerada pela baixa remuneração do investimento, quer pela ausência total de rentabilidade, determinada pela existência de um custo interno elevado.

Podemos concluir, assim, que o fator determinante na formação dos preços de venda de produtos e serviços é a existência de condições que possibilitam a continuidade da empresa, ou seja, a ocorrência de lucros adequados, seja decorrentes da venda de um produto ou resultantes da sinergia desse produto com outros.

A importância do planejamento do lucro dá-se pela possibilidade de atuação sobre os fatores que o compõem, tais como: custos estruturais, custo de capital, custo direto e, em alguns casos, do próprio preço.

*Os passos recomendados para o estabelecimento das metas de lucro são:*

a) determinação do capital operacional;
b) cálculo da margem de lucro necessária;
c) cálculo da previsão de vendas;
d) cálculo da margem de lucro residual;
e) cálculo do percentual de lucro sobre as vendas.

## A - Determinação do capital operacional

capital operacional é formado pela soma dos recursos empregados na elaboração e comercialização de um produto ou serviço. Sua formação é analisada pôr dois aspectos: origem e objetivos.

*Quanto a origem pode ser:*
- próprio – origem das operações da empresa (lucros) e investimentos;
- de terceiros – origem de fornecedores, empréstimos etc.;

*Quanto aos objetivos, apresenta-se como:*
- de investimento: aquela necessário a formação da estrutura da empresa;
- de giro: recursos financeiros para o capital de giro.

O valor total do capital operacional empregado nas operações de uma empresa pode ser obtido por meio da aplicação da fórmula a seguir:

$$CO = Im + (AC - (PC - Em))$$

Onde:
CO = capital operacional
Im = valor do imobilizado
AC = valor do ativo circulante
PC = valor do passivo circulante
Em = valor dos empréstimos

Para a utilização dos valores do balanço contábil é necessário que se façam as adições e eliminações para que o balanço represente o valor econômico das contas e não apenas o patrimonial.

Entre esses ajustes destacamos:
- a tradução dos valores em uma data base única, pôr meio da utilização dos conceitos de valor presente e custo de reposição;

- a eliminação das contas que não possuem valor econômico de realização (despesas antecipadas, finor);
- o expurgo dos valores de aplicações, investimentos e imobilizados não necessários a atividade da empresa;
- a tradução dos bens do ativo imobilizado por seu valor de realização e não pelo seu valor contábil;
- a inclusão de bens operacionais que, para efeito de planejamento tributário, tenham sido realizados como despesas;.

## B - Cálculo da margem de lucro necessário

A definição das margens de lucro está intimamente relacionada com o custo de oportunidade do investidor.

cálculo da margem do lucro, tendo como base o capital operacional, é realizado aplicando-se a fórmula:

$$VML = (VCOP \times MLDI) + (VCOT \times CCT)$$

Onde:
VML = valor da margem de lucro necessária
VCOP = valor do capital operacional próprio
MLDI = percentagem de margem de lucro desejada pelo investidor
VCOT = Valor do capital operacional de terceiros
CCT = percentagem do custo de capital de terceiros.

*Cálculo da previsão de vendas*

Planejar é uma atividade inerente a qualquer tipo de empresa, independentemente do tamanho, ramo de negócio etc.

É necessário saber quanto a empresa planeja vender de seus produtos ou serviços, pois essa expectativa é o ponto de partida, direta ou indiretamente, de todas as decisões seguintes.

As vendas podem depender de muitos fatores (conjuntura econômica, concorrência, investimentos etc.).

Com relação à determinação das margens de lucro, as previsões de vendas são extremamente importantes à medida que nos fornecem a base de cálculo para a margem de lucro necessária para a empresa, permitindo assim a realização de simulações e a obtenção de percentuais que poderão posteriormente ser aplicados na formação dos preços de cada um dos produtos comercializados.

## C - Cálculo da margem de lucro residual

A margem de lucro residual é obtida subtraindo-se da previsão de vendas o valor do custo interno da empresa. Ela indica a remuneração a ser alcançada pela empresa em suas operações.

Se essa margem apresentar-se acima da determinada no item anterior, há indicação que a empresa detém uma vantagem competitiva em relação à concorrência, que poderá ser utilizada para aumentar sua rentabilidade ou para permitir melhoria em sua posição de mercado.

Caso contrário, a relação entre as margens de lucro indicará o nível de perda que a empresa terá se não conseguir reduzir seus custos, de modo a aproximá-los do custo-meta.

O cálculo da margem de lucro residual é realizado conforme apresentado a seguir:

$$MLR = VPV - DDV - CPV - DAC$$

Sendo:
MLR = margem de lucro residual
VPV = valor da previsão de vendas
CPV = custo dos produtos vendidos (orçado)
DVV = despesas variáveis de vendas
DAC = despesas administrativas e de comercialização (orçadas)

## D - Cálculo do percentual de lucro sobre as vendas

Tendo à disposição todos os dados anteriormente comentados, podemos efetuar as análises necessárias e determinar qual o valor da taxa de lucro a ser considerada, apurando-se, a seguir, os percentuais sobre vendas que permitirão alcançá-la. Esse cálculo é feito a partir da fórmula a seguir:

$$\%LV = VMLD / VPV$$

Sendo:
%LV = percentagem de lucro sobre as vendas
VMLD = Valor da margem de lucro determinada
VPV = valor da previsão de vendas

### Estudo de caso

A Indústria Goma Ltda, trabalha com os produtos A,B,C, e tem sua programação de produçao mensal da seguinte forma:
Produto A = 1.500 unidades / mês
Produto B = 1.400 unidades / mês
Produto C = 1.460 unidades / mês

A mão-de-obra direta empregada na produção é a seguinte:
- Para produzir uma unidade do produto A uma equipe de 4 pessoas gastam 40 minutos;
- Para produzir uma unidade do produto B uma equipe de 3 pessoas gastam 30 minutos;
- Para produzir uma unidade do produto C uma equipe de 4 pessoas gastam 35 minutos;
- Todos os funcionários trabalham 180 horas no mês;
- Cada funcionário que trabalha na produção do produto A ganha R$ 480,00 por mês;
- Cada funcionário que trabalha na produção do produto B ganha o dobro que ganha o do produto A;
- Cada funcionário que trabalha na produção do produto C ganha 1/3 do que ganha o do que trabalha na produção do B;

Matéria Prima:
Produto A = R$ 3,80 por unidade
Produto B = R$ 3,60 por unidade
Produto C = R$ 4,00 por unidade.

Outras Informações:
Depreciação total mensal da empresa é R$.. 1.100,00
Despesas Gerais Administrativas R$.. 800,00/mês
Uma secretária com salário mensal de R$.. 400,00
Dois aux. de escritório salário de cada um mensal é R$.. 360,00
Despesas mensais com telefone R$ 200,00
Despesas com água e luz média mensal R$ 500,00

Retirada total mensal de diretores R$.. 2.500,00
Encargos sociais s/salários 60% - Encargos Sociais s/ retirada 10%
Pis = 0,65% - COFINS = 3% - Comissões s/vendas 4%
Os fornecedores de matéria prima trabalham sistema FOB 2%
As compras de matéria prima são em São Paulo (12%), já as vendas todas para Minas
- A empresa destina 1% da receita para publicidade e propaganda e obras sociais.
- Preço de Vendas é:
- Produto A R$ 28,90
- Produto B R$ 32,60
- Produto C R$ 28,40
- As embalagens aplicadas aos produtos são: produto A R$ 1,20, produto B R$ 0,90, produto C R$ 1,10.
- O material secundário de cada produto é: produto A R$ 1,80, B R$ 1,30, C R$ 1,50.
- OBS: Se você precisar distribuir os custos fixos use como critério o custo unitário da mão-de-obra direta. O material secundário e as embalagens são isentos e ICMS.
- A empresa trabalha sistema CIF 3%.

**Pede-se:**
1- Qual é a margem de lucro em % de cada unidade de produto?

**Resolução do estudo de caso:**

| Produto A | R$ | Produto B | R$ | Produto C | R$ |
|---|---|---|---|---|---|
| 1- preço de venda | 28,90 | 1- preço de venda | 32,60 | 1- preço de venda | 28,40 |
| 2- custo | | 2- custo | | 2- custo | |
| - matéria-prima | 3,80 | - matéria-prima | 3,60 | - matéria-prima | 4,00 |
| - FOB 2% | 0,08 | - FOB 2% | 0,07 | - FOB 2% | 0,08 |
| - crédito ICMC | (0,43) | - crédito ICMS | (-0,43) | - crédito ICMS | (0,48) |
| - M. O Direta | 7,10 | - M. O Direta | 8,00 | - M. O Direta | 4,15 |
| - embalagens | 1,20 | - embalagens | 0,90 | - embalagens | 1,10 |
| - material sec. | 1,80 | - material sec. | 1,30 | - material sec. | 1,50 |
| - custo fixo unit. | 1,76 | - custo fixo unit | 2,12 | - custo fixo unit | 1,05 |
| C.V.V. 29,65% | 8,57 | C.V.V. 29,65% | 9,67 | C.V.V. 29,65% | 8,42 |
| Total | 23,85 | Total | 25,23 | Total | 19,82 |
| 3- lucro | 5,05 | 3- lucro | 7,37 | 3- lucro | 8,58 |
| 4- lucro em % | 17,47% | 4- lucro em % | 22,61% | 4- lucro em % | 30,21% |

## Estudo de caso

Uma empresa fabrica, em um departamento, dois tipos de arruelas: grande e pequena.
- Com 300 gramas de matéria-prima produz uma de cada tamanho;
- O peso da arruela pequena é a metade da grande ;
- O peso do material que sobra (interno e externo) é igual ao da arruela pequena;;
- O corte de ambas é feito ao mesmo tempo pôr uma prensa que custou R$ 3.400.000,00 e que tem sua vida útil estimada em 10.000 horas, essa máquina corta em média 600 arruelas de cada tipo por hora;
- A mão-de-obra direta de certo período foi de R$ 260.000,00 mas não é possível separar quanto pertence a grande nem a pequena, já que ambas são produzidas conjuntamente;
- Foram consumidos nesse período, 72.000kg de matéria-prima, ao custo de R$ 12,00 cada kg.
- Os custos indiretos do departamento e incluídos os rateados para ele totalizaram R$ 148.800,00.
- As sobras de material são normalmente vendidas ao mercado ao preço de R$ 3,00 / kg;
- Após essa fase de corte, as arruelas são enviadas para outra empresa, que as niquila e embala, devolvendo à primeira já prontas para venda. A niqueladora cobra R$ 8,00 / kg. de arruela pelo trabalho todo, incluindo transporte e embalamento;
- O material de embalagens é fornecido pelo fabricante de arruelas. As embalagens são: uma caixa que custa R$ 2,00 e R$ 1,50 (para arruelas grandes e pequenas respectivamente), cabendo 50 unidades de cada uma;
- As compras de matéria-prima são no Estado de São Paulo (18%);
- As vendas da empresa são destinadas 50% para o Estado de São Paulo (18%) e o restante para outros Estados da federação (12%);
- A margem de lucro pretendido pela empresa é de 12%;
- A comissão sobre vendas é de 2%;
- A indústria trabalha no sistema CIF onde a taxa é de 1%;
- PIS = 0,65%. COFINS = 3%;

- A empresa recebe um crédito de ICMS nas compras de matéria-prima e também na niquelagem, já nas caixas de embalagens ela não pode aproveitar esse ICMS;

> **Observação**
> A base de cálculo dos dados do presente estudo de caso, refere-se ao período de 30 dias

O diretor executivo da empresa solicitou ao contador de custos o planejamento das atividades do departamento da empresa que fabrica as arruelas para um período de 45 dias, visando obter as seguintes informações:
a) Qual é o valor do lucro da empresa nesse período?
b) Qual é o valor do custo da matéria-prima e embalagens da empresa?
c) Um aumento na produção de 12% provocaria um aumento na lucratividade de quanto?

**Estudo de caso para resolver 02:**

A empresa Bondade com. e ind. Ltda. Trabalha com os produtos: A, B e C, e tem controle de custos através do método de custeio direto, e apresenta a seguinte estrutura:

Programa de produção:

| Produto | Produção mensal | Preço de vendas |
|---------|-----------------|-----------------|
| A | 1.800 | 18,00 |
| B | 1.900 | 18,90 |
| C | 2.000 | 20,60 |

- As compras de matéria-prima e embalagens são no Estado de Minas Gerais, já às vendas são 50% para o estado de S. Paulo e 50% para Minas Gerais.
- A empresa trabalha no sistema FOB 2%.

| Produto | matéria-prima | embalagens | custo fixo unitário |
|---------|---------------|------------|---------------------|
| A | 3,80 | 1,00 | 1,50 |
| B | 3,60 | 0,90 | 1,50 |
| C | 4,00 | 1,10 | 1,40 |

- A mão-de-obra direta é: produto A = 1,10, produto B = 0,90, produto C = 1,00
- Todas as máquinas produzem todos os produtos, sabe-se que o fornecedor de matéria-prima trabalha no sistema CIF 1%.
- A empresa efetuou uma pesquisa de mercado e constatou que os produtos só poderão serem vendidos pelo preço seguinte:
Produto A = 17,10
Produto B = 18,00
Produto C = 19,00
- Uma das máquinas da empresa que tem a capacidade de produção de 2.000 unidades por mês está com problemas e deve ficar 15 dias sem produzir.
- A empresa gostaria de manter a lucratividade desejada, em função disso busca novos fornecedores de matéria-prima e embalagens.

**Pede-se:**
1- Qual é o custo meta de cada produto (A,B e C)?
2- Qual é a lucratividade esperada pela empresa?
3- Qual é a produção de cada produto da empresa?
4- Para conseguir o lucro esperado, sabe-se que a empresa pode conseguir uma redução de 10% no custo fixo, o restante caso seja necessário, deve ser com a redução no preço da matéria-prima e nas embalagens mantendo a mesma proporção do custo com a redução. Qual é o custo da matéria-prima de cada produto e da embalagem de cada produto?

## 2.6 Alavancagem Operacional e Financeira

AO = é a capacidade de a empresa usar custos operacionais fixos com a finalidade de maximizar os efeitos das variações nas vendas em seu lucro, antes de descontar os juros e o imposto de renda.

Alavancagem é o resultado provocado por uma ação de incremento na produção e vendas mais que proporcional nos lucros de uma determinada empresa.

A ação de uma alavanca (em inglês, leverage) também provoca respostas mais do que proporcionais à força empregada.

Assim, os efeitos de alavancagem sobre os resultados da empresa decorrem da existência de custos fixos que figurativamente corresponderiam ao fulcro ou ponto de apoio da alavanca.

Segundo o professor GITMAN, *a alavancagem é o uso de ativos ou recursos com um custo fixo, a fim de aumentar os retornos dos proprietários da empresa*[15].

### 2.6.1 Alavancagem Operacional (AO),

Conceito - é determinada pela relação entre as receitas de vendas da empresa e seu lucro antes de juros e imposto de renda ou LAJIR.

Para calcular a alavancagem operacional (AO), utiliza-se a seguinte fórmula:

AO = % de aumento do lucro / % de aumento da produção.

### Exemplo 1

Uma determinada empresa em operação normal obtêm um lucro de 1.000 unidades monetária;

Um aumento da produção de 10%, provoca a seguinte alteração:

O lucro passa para 1.200 unidades monetárias, ou seja o aumento de 10% na produção provoca um aumento de 20% no lucro, a alavancagem operacional é:

AO = 20 / 10 ....... AO = 2

### Exemplo 2

| Discriminação | -50% = caso 2 | | + 50% = caso 1 |
|---|---|---|---|
| - Vendas em unidades | 500 | 1.000 | 1.500 |
| - Receita de vendas | 5.000 | 10.000 | 15.000 |
| - (-) custos operacionais variáveis | 2.500 | 5.000 | 7.500 |
| - (-) custos fixos operacionais | 2.500 | 2.500 | 2.500 |
| LAJIR | 0 | 2.500 | 5.000 |
| | -100% | | +100% |

---

[15] GITMAN, Lawrence (1997) p. 418

Observação

Caso 1: um aumento de 50% em vendas resulta num acréscimo de 100% no LAJIR;

Caso 2: uma queda de 50% em vendas resulta em uma diminuição de 100% no LAJIR;

* $\dfrac{\text{variação \% no LAJIR}}{\text{variação \% nas vendas}} > 1$

Caso 1: $\dfrac{+\,100\%}{+\,50\%} = 2$   Caso 2: $\dfrac{-\,100\%}{-\,50\%} = 2$

- Quanto maior o grau de alavancagem operacional (GAO), maior o risco e maiores os efeitos sobre o resultado de qualquer percentagem de alteração no volume de atividade. Quanto menor o grau de alavancagem operacional, menor o risco e menores esses efeitos.

### 2.6.2 Alavancagem financeira

(AF), refere-se à relação entre o lucro líquido e o lucro de suas ações ordinárias (LPA).

Alavancagem financeira é a capacidade da empresa usar encargos financeiros fixos para maximizar os efeitos de variações no LAJIR (lucro antes de juros e imposto de renda) sobre o lucro por ação LPA.

O efeito da alavancagem financeira (AF) é tal que um aumento no LAJIR da empresa resulta num acréscimo mais que proporcional no LPA, enquanto que uma redução no LAJIR resulta num decréscimo mais que proporcional no LPA.

Tem a seguinte relação:

$\dfrac{\text{Variação \% no LPA}}{\text{Variação \% no LAJIR}} > 1$

Por exemplo: um acréscimo de 40% no LAJIR resulta num acréscimo de 100% no LPA:

$AF = \dfrac{100\%}{40\%} = 2{,}5$

# 3. A Receita e Formas de Análise

O terceiro capítulo contempla o embasamento teórico sobre receitas. Inicia-se com a receita empresarial conceito e a mensuração, as dimensões e classificação da receita, em seguida apresenta-se a análise do ponto de equilíbrio, conceito e a margem de contribuição, as condições básicas para o cálculo do ponto de equilíbrio e os tipos de ponto de equilíbrio

### 3.1 Receita

Nesta seção apresenta-se a conceituação de receita empresarial e sua classificação em receitas operacionais e não operacionais, bem como a sua mensuração.

**3.1.1 Conceito**

Receita é o ativo resultante da venda, pela empresa, a terceiros, de um bem ou serviço, ativo esse que pode ser representado por valores numerários ou direitos.
Iudícibus (1997, p. 149) afirma que:
"...receita é o valor monetário, em determinado período, da produção de bens e serviços da entidade, em sentido lato, para o mercado, no mesmo período, validado, mediata ou imediatamente pelo mercado, provocando acréscimo de patrimônio líquido e simultâneo acréscimo de ativo, sem necessariamente

provocar, ao mesmo tempo, um decréscimo do ativo e do patrimônio líquido, caracterizado pela despesa."

Hendriksen e Van Breda[16] explicam que, receitas podem ser definidas, na maioria das vezes, como o produto de uma empresa. Elas são normalmente mensuradas em termos de preços correntes de mercado. Devem ser reconhecidas depois de um determinado evento, ou assim que o processo de venda tenha sido concretizado. Na prática, isto significa que as receitas são reconhecidas no momento da venda."

Kinserdal (1995, p. 29) cita que "as receitas podem ser definidas como o produto de uma empresa. São fluxos de entrada referentes a venda de bens, a prestação de serviços, ou a outras atividades que fazem parte do andamento das operações da empresa."

Segundo AAA Committee on Accounting concepts And Standards (1957, p. 5) "a receita é expressão monetária dos produtos ou serviços agregados transferidos por uma empresa a seus clientes num período".

De acordo com a FIPECAFI (1996, p. 67),"entende-se por receita a entrada de elementos para o ativo, sob a forma de dinheiro ou direitos a receber, correspondentes, normalmente, à venda de mercadorias, de produtos ou à prestação de serviços. Uma receita também pode derivar de juros sobre depósitos bancários ou títulos e de outros ganhos eventuais".

Da mesma forma, Ribeiro (1996, p. 221) menciona que, "a receita é a entrada de bens ou direitos para o ativo, decorrentes das vendas de mercadorias ou produtos e da prestação de serviços. A receita também pode ser derivada de juros, aluguéis etc.".

Iudícibus e Marion (1999, p. 171) citam que, de acordo com o estudo do IASC, receita é "o acréscimo de benefícios econômicos durante o período contábil na forma de entrada de ativos ou decréscimos de exigibilidades e que redunda num acréscimo do patrimônio líquido, outro que não o relacionado a ajustes de capital."

De acordo com Sprouse e Moonitz, apud Indícibus (1997, p. 146)," receita de uma empresa durante um período de tempo

---

[16] Hendriksen e Van Breda (1992, p. 352) Teoria da Contabilidade

representa uma mensuração do valor de troca dos produtos (bens ou serviços) de uma empresa durante aquele período".

Por sua vez, Franco (1997, p. 46) diz que "as receitas constituem a recuperação do custo por parte da empresa, como produto de sua atividade econômica".

Assim, nas empresas comerciais e na indústria, as receitas são representadas pela venda de mercadorias adquiridas para esse fim. Nas empresas de prestação de serviços, as receitas são constituídas por todos os rendimentos provenientes da remuneração do serviço prestado.

### 3.1.2 Mensuração da Receita

Segundo Iudícibus (1997, p. 148) a mensuração da receita é considerada sob dois aspectos: no mundo da certeza e no mundo da incerteza.

No mundo de certeza, a receita deve ser registrada pelo valor a ser recebido, descontado pelo período de espera. Quando se vende a prazo, incorpora-se o acréscimo de preço, pela defasagem no recebimento, como aumento das vendas, quando na realidade deveria a receita ser contabilizada pelo valor que se teria obtido, caso a transação fosse à vista, e o acréscimo tratado como receita financeira *apropriada ao longo do tempo por regime de competência*.

No mundo de incerteza, é necessário estimar os prováveis descontos que o cliente venha aproveitar, além da provisão para devedores duvidosos. Esses itens são caracterizados como dedução da receita

Segundo Iudícibus[17], as dimensões básicas da receita ficam perfeitamente caracterizadas, como segue:
a) está ligada à produção de bens e serviços em sentido amplo;
b) embora possa ser estimada pela entidade, seu valor final deverá ser validado pelo mercado;
c) está ligada a certo período de tempo;

---
[17] Iudícibus (1997, p. 149)

d) embora se reconheça que o esforço para reduzir receita provoca, direta ou indiretamente, despesas, não subordina, no tempo, o reconhecimento da receita ao lançamento da despesa.

De acordo com Hendriksen e Van Breda (1999, p. 226) "a receita, independentemente de como seja definida, deve ser medida, em termos ideais, pelo valor de troca do produto ou serviço da empresa". O valor de troca representa o valor presente de direitos monetários a serem recebidos eventualmente, em conseqüência da transação que gera a receita.

O critério de que a receita deve ser medida pelo valor presente do dinheiro ou do equivalente monetário a ser, finalmente, recebido pressupõe que as devoluções, os descontos e outras reduções do preço faturado devem ser deduzidas da receita resultante de transações específicas. O tratamento de desconto por pagamento antecipado e as perdas resultantes de inadimplência de clientes podem não ser uma questão tão clara, porém devem ser tratadas como reduções dos preços cobrados, e não como despesas.

Descontos que se espera aproveitar e perdas em que não se espera incorrer devem ser deduzidas diretamente da receita bruta. Seu tratamento tradicional como despesa não resulta num lucro líquido divulgado diferente.

Os descontos tratados estão sujeitos à ressalva usual de que devem ser itens significativos. Quando o prazo é curto, o desconto pode ser ignorado por três motivos pragmáticos:
a) com a taxa de descontos reduzidas, o valor do desconto é pequeno e não afeta significativamente a avaliação da receita total;
b) como os juros são classificados como parte da receita total, o principal efeito tem a ver com o momento da ocorrência da receita;
c) se as receitas não forem descontadas, a classificação da receita resultante da espera (juros) seria perdida e incluída na classificação da receita resultante da venda do produto ou serviço.

### 3.1.3 Classificação das Receitas

A Lei 6.404/76, no artigo 187, classifica as receitas empresariais em operacionais e não operacionais.

*No que concerne* às receitas operacionais Ribeiro (1996, p. 221) explica que receita operacional é a soma de todas as receitas que fazem parte do objetivo principal da empresa. Por exemplo, uma empresa em que o ramo de atividade é comércio e prestação de serviços a receita operacional bruta será: o total das vendas de mercadorias mais o total das receitas de prestação de serviços. Explica que as receitas operacionais resultam da atividade principal ou acessória da empresa, como, a receita bruta de vendas, as receitas de aluguéis, de juros etc. Podem ser agrupadas em:
- *Receita bruta de vendas ou serviços* - corresponde ao valor bruto pelas vendas de mercadorias e pelos serviços prestados.
- *Receita líquida de vendas e serviços* - correspondem ao valor da receita bruta de vendas ou serviços menos as deduções, abatimentos e impostos incidentes sobre as vendas e serviços.
- *Receitas financeiras* - neste grupo incluem-se juros, descontos obtidos, ganhos decorrentes de aplicações financeiras etc.
- *Outras receitas operacionais* - correspondem, aluguéis etc.

No que se refere às receitas não operacionais Ribeiro (1996, p. 224) explica que, as receitas não operacionais provêm de transações não incluídas nas atividades principais ou acessórias que constituem objeto da empresa, como, por exemplo, os ganhos de capital obtidos na alienação de bens ou direitos do ativo permanente.

Segundo Iudícibus (1997, p. 148), "a receita não operacional deveria incluir todos os acréscimos de ativo e de patrimônio líquido derivantes de rendimentos de aplicações financeiras, rendas patrimoniais etc., exceto ganhos na venda de ativos não sujeitos à negociação normal".

Portanto, as receitas não operacionais são aquelas decorrentes de transações diferentes das normais ao objeto da empresa ou entidade.

### 3.2 Análise do ponto de equilíbrio

Nesta seção encontra-se a conceituação de ponto de equilíbrio, as condições básicas para o cálculo e os tipos de ponto de equilíbrio.

### 3.2.1 Conceito

Ponto de equilíbrio é o momento em que a receita é igual ao custo total da empresa, ou seja, não existe lucro nem prejuízo, resultado igual a zero.

De acordo com Sandroni (1989, p. 245) afirma que "ponto de equilíbrio (break-evenpoint) é o ponto que define o volume exato de vendas e produção em que a empresa nem ganha nem perde dinheiro; acima desse ponto a empresa começa a apresentar lucros; abaixo sofre perdas".

Neste sentido, Braga (1989, p. 179) afirma que "o ponto de equilíbrio corresponde a certo nível de atividades onde o lucro será nulo. À medida que o volume de operações se deslocar acima do ponto de equilíbrio surgirão lucros crescentes; abaixo desse ponto ocorrerão prejuízos cada vez maiores".

Leone (1997, p. 340) cita que o "ponto de equilíbrio é o ponto de produção e vendas em que os custos se igualam às receitas.?"

Por sua vez, Martins (1998, p. 273) define que "o ponto de equilíbrio (também denominado de ponto de ruptura - Break-even Point) nasce da conjugação dos custos totais com as receitas totais".

Welsch (1990, p. 279-280) menciona que o ponto de equilíbrio, definido como o volume ao qual a receita total é exatamente igual ao custo total, é quase um aspecto incidental à grande amplitude da análise das relações entre custo, volume e lucro".

Portanto, o ponto de equilíbrio ocorre no momento em que o resultado é nulo, ou seja, não há lucro nem prejuízo. A receita gerada pelas atividades da empresa é igual ao seu custo total, sejam estes custos (variáveis ou fixos).

Horngren, Foster e Datar (1994, p. 62) afirmam que "o ponto de equilíbrio corresponde à quantidade de vendas (saídas) onde o total das receitas e o total dos custos são iguais, o que corresponde ao ponto onde o lucro operacional é zero".Nesta mesma linha de raciocínio, Anthony e Welsch (1981, p. 228) afirmam que "o ponto de equilíbrio é o volume no qual o total das receitas é igual ao total dos custos.

Estas relações podem ser utilizadas para estimar o volume necessário para obter a renda desejada e, também, para estimar o resultado de várias maneiras, a fim de incrementar o lucro".

Segundo Viveiros (2000, p. 240), "o ponto de equilíbrio seria a situação hipotética da fabricação e venda de um volume de unidades, considerando certo mix de produtos, cuja margem de contribuição total é igual aos custos fixos".

A visualização do ponto de equilíbrio, facilita a compreensão do comportamento das receitas e dos custos da empresa neste ponto, conforme evidenciado na Figura.

*Figura 1 - Gráfico do ponto de equilíbrio*

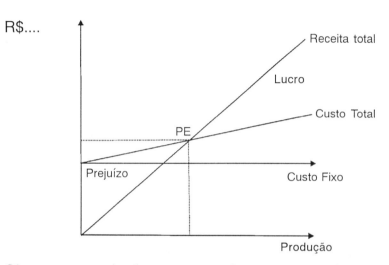

Observa-se a relação entre a receita e os custos da empresa, pois no momento em que as retas da receita e do custo total se cruzam, ocorre o ponto de equilíbrio. Acima desse nível, a empresa opera na faixa de lucro, abaixo, no prejuízo.

### 3.2.2 Margem de contribuição

De acordo com Anthony e Welsch (1981, p. 228), "a margem de contribuição é a diferença entre a receita unitária e o custo variável unitário".

Braga (1989, p. 182) diz que, "chama-se margem de contribuição de um produto ou linha de produtos, a parcela de receita que resta após deduzidos os custos variáveis, unitários e/ou totais".

A margem de contribuição é, pois, um valor restante destinado a cobrir os custos fixos (periódicos regulares e/ou programados) e para formar o lucro desejado.

A margem de contribuição pode ser apresentada de forma unitária ou total. Unitária, quando a contribuição é oriunda de uma só unidade de produto, e total, mostra o quanto provém de diversas unidades de produto. A margem de contribuição total de uma linha de produtos indica quantitativamente a importância do produto no desempenho global da empresa.

Segundo Perez Jr., Oliveira e Costa (1999, p. 190), "margem de contribuição é um conceito de extrema importância para o custeio variável e para a tomada de decisões gerenciais. Em termos de produto, a margem de contribuição é a diferença entre o preço de venda e a soma dos custos e despesas variáveis".

Por sua vez, o cálculo percentual da margem de contribuição destina-se à determinada parcela, em termos relativos, do preço de venda do produto, que é considerada contribuição para a empresa. Adota-se a seguinte fórmula:

$$MC\% = \frac{\text{Margem contribuição unitária}}{\text{Preço de venda}} \times 100$$

Utiliza-se a margem de contribuição em percentual, quando se pretende determinar o volume de receita que a empresa precisa obter, para que ocorra o ponto de equilíbrio.

Leone (1991, p. 434) ressalta que, quando se tem uma combinação de diversos produtos, o cálculo do ponto de equilíbrio é mais difícil, e uma fórmula que facilita esse cálculo é a seguinte:

$$\text{Margem de contrib. \%} = \frac{\text{Margem contribuição total}}{\text{Vendas totais}} \times 100$$

O conhecimento da margem de contribuição de cada produto permite ao gestor controlar o comportamento dos custos por linha de produção; orientar a produção e as vendas para maximizar os lucros, através do aumento do esforço da produção, e das vendas dos produtos de maior margem de contribuição percentual; maximizar os lucros ou reduzir os prejuízos pela retirada de produtos ou linha de produtos da produção; decidir sobre preços mínimos em caso de concorrência; definir ou alterar políticas de vendas; decidir sobre novos investimentos;

Observa-se que a margem de contribuição é um instrumento de auxílio aos gestores na tomada de decisão que possibilita avaliar o desempenho de um produto ou conjunto de produtos de uma empresa.

### 3.2.3 Condições básicas para o cálculo do ponto de equilíbrio

De acordo com Welsch (1990, p. 284-285) a aplicação do ponto de equilíbrio depende de algumas hipóteses básicas:
- o conceito de variabilidade de custos é valida, portanto os custos podem ser classificados com realismo em fixos e variáveis;
- há um intervalo relevante de validade para todos os aspectos da análise;
- o preço de venda não se altera em função de modificações do volume físico de vendas;
- há somente um produto ou, no caso de vários produtos, sua distribuição relativa é constante;
- as políticas administrativas básicas em relação às operações permanecem essencialmente uniformes;
- o nível geral de preço permanece constante a curto prazo;
- há uma sincronização entre vendas e produção, ou seja, os estoques permanecem constantes ou são nulos;
- a eficiência e a produtividade por indivíduos permanecem constantes.

Por outro lado, Martins (1998, p. 296-297) afirma que o ponto de equilíbrio apresenta as seguintes limitações:
a) na hipótese da existência de diversos produtos sendo elaborados pela empresa, o assunto se complica, já que os custos e despesas variáveis são diferentes também para cada um, o que provoca a impossibilidade de cálculo de um ponto de equilíbrio global;
b) poderia ser calculado o ponto de equilíbrio se a margem de contribuição fosse, mesmo que diferente em reais, igual para todos em termos de percentagem sobre o preço de vendas;

c) ser calculado um ponto de equilíbrio global, restrito à seguinte condição, em que houvesse a mesma quantidade produzida e vendida de cada um dos produtos.

As restrições da teoria do ponto de equilíbrio são para as empresas que trabalham com diversos produtos e esses apresentam margens de contribuição unitárias diferentes. Mesmo com as restrições, a teoria é de grande utilidade na elaboração do planejamento operacional, visto que ela mostra parâmetros para os gestores tomar decisões.

### 3.2.4 Tipos de ponto de equilíbrio.

Braga (1989, p. 182-193), classifica os tipos de ponto de equilíbrio em duas formas: a primeira para empresa que produz um só tipo de produto e a segunda para empresa que produz (opera) mais de um produto.

A análise do ponto de equilíbrio para um único produto pode ser realizada em relação ao lucro operacional (PEO) ou ao lucro antes do imposto de renda (PEG).

O ponto de equilíbrio operacional (PEO) corresponde ao nível de atividades em que as receitas de vendas são iguais ao total dos custos operacionais, variáveis e fixos, sendo o lucro operacional nulo, igual a zero. Este calcula-se de acordo com a seguinte fórmula:

$$PEO = \frac{\text{Custo Fixo Operacional}}{\text{Margem de Contribuição}}$$

Ponto de equilíbrio global (PEG) é aquele em que as receitas de vendas se igualam aos custos totais, operacionais e financeiros, apresentando um lucro nulo antes do imposto de renda. No volume de produção e vendas correspondente ao PEG, a margem de contribuição total alcança o mesmo valor dos custos fixos totais. Calcula-se através da seguinte fórmula:

$$PEG = \frac{\text{Custo Fixo Total}}{\text{Margem de Contribuição Total}}$$

Quando a empresa opera com mais de um produto, a determinação dos pontos de equilíbrio operacional (PEO) e global (PEG) será valida somente se:
- todos os produtos apresentarem idênticos valores nas suas margens de contribuição unitárias; ou
- as taxas das margens de contribuição unitárias forem iguais para todos os produtos; ou
- a participação da receita de vendas de cada produto permanecer constante em qualquer nível de atividades.

Braga (1989, p. 191) e Martins (1998, p. 277) definem outros tipos de pontos de equilíbrio: contábil, econômico e financeiro.

O ponto de equilíbrio contábil é o mesmo que o ponto de equilíbrio global, ou seja, lucro igual a zero. Emprega-se para o cálculo a seguinte fórmula:

$$PEC = PEG = \frac{\text{Custo Fixo Total}}{MCT / RTV}$$

onde:
MCT = Margem de contribuição total
RTV = Receita total de vendas

Operar acima do PEG não significa necessariamente satisfazer às expectativas dos acionistas, que consideram o custo de oportunidade dos recursos, eles exigem um lucro mínimo que remunere adequadamente o seu capital, o que é denominado de ponto de equilíbrio econômico. Calcula-se através da seguinte fórmula:

$$PEE = \frac{\text{Custo Total + LAIR Mínimo}}{MCT / RTV}$$

onde:
LAIR = Lucro Antes do Imposto de Renda

Custo de oportunidade significa o valor referente ao resultado que a empresa poderia obter investindo em outra alternativa diferente da escolhida pela mesma.

O ponto de equilíbrio financeiro ocorre no momento em que as receitas líquidas de vendas empatam com a parcela de custos totais que envolve desembolso de caixa. A fórmula para o cálculo é:

$$PEF = \frac{\text{Custo Fixo Total - Custos não desembolsáveis}}{MCT / RTV}$$

Como se observa, deve ser considerado a teoria do ponto de equilíbrio, mesmo com algumas restrições, dado a importância das informações geradas pela mesma no auxílio aos gestores na elaboração do planejamento operacional de uma empresa.

### 3.2.5 Pontos de Equilíbrio Para Diversos Produtos

Quando a empresa opera com mais de um produto, a determinação dos pontos de equilíbrio operacional (PEO) e global (PEG) será valido sómente se:
- Todos os produtos apresentarem idênticos valores nas suas margens de contribuição unitárias; ou
- as taxas das margens de contribuição unitárias forem iguais para todos os produtos; ou
- a participação da receita de vendas de cada produto permanecer constante em qualquer nível de atividades.

**Primeira Situação:**

- Se os produtos forem similares e apresentarem a mesma margem de contribuição unitária, poderão ser tratados como se fossem um único produto. Dividindo-se os custos fixos pela margem de contribuição unitária, obtêm-se os pontos de equilíbrio em quantidades totais. O PEO e o PEG, assim determinados, valem para qualquer composição dos diferentes produtos, independentemente das diferenças nos seus preços de venda e custos variáveis unitários.

Exemplo:

Determinar o PEO e o PEG de uma empresa que fabrica dois produtos, a partir dos seguintes dados:

| Valores em R$ mil | Prod.A | Prod.B |
|---|---|---|
| Preço unit.de vendas | R$.... 6 | R$.. 12 |
| Custos Variáveis Unit | R$.... 2 | R$.... 8 |
| Margem de Contrib. | R$.... 4 | R$.... 4 |

Custos Fixos:
Operacionais R$.. 40.000
Totais,.........R$.. 60.000
- Pontos de Equilíbrio em quantidades:
PEO = R$.. 40.000/R$..4 = 10.000 unid. PEG = R$.. 60.000/ R$..4 = 15.000 unid.

**Segunda Situação:**

- As taxas das margens de contribuição sobre os preços de venda são idênticos para todos os produtos.

Dividindo-se os custos fixos por essa taxa, obtêm-se pontos de equilíbrio em receitas de vendas totais da empresa. O PEO e o PEG obtidos valem para qualquer composição dos diferentes produtos, independentemente das diferenças nos seus preços de vendas e custos variáveis unitários.

Exemplo:
Determinar o PEO e o PEG de uma empresa que fabrica dois produtos, a partir dos seguintes dados:

| Valores em R$ mil | Produto C | Produto D |
|---|---|---|
| Preços unit. de vandas | R$..... 10 | R$.... 25 |
| Custos variáveis unit. | R$....... 4 | R$.... 10 |

Custos Fixos
Operacionais R$.. 42.000
Totais,........... R$.. 63.000

| Taxas de marg.contrib | 0,60 | 0,60 |
|---|---|---|

- Pontos de equilíbrio em receitas de vendas:
PEO = R$.. 42.000 / 0,60 = R$.. 70.000; PEG = R$.. 63.000 / 0,60 = R$.. 105.000,

**Terceira situação:**

- A participação da receita de vendas de cada produto permanece constante em qualquer nível de atividades.

- Os produtos poderão apresentar diferenças quanto aos valores unitários relativos aos preços de venda, custos variáveis e margem de contribuição. As taxas de margens de contribuição unitária também poderão ser diferentes para cada produto.
- Dividindo-se os custos fixos pela taxa de margem de contribuição total sobre as receitas de vendas obtêm-se pontos de equilíbrio em receitas de vendas totais da empresa. O PEO e o PEG obtidos serão validos apenas para a mesma composição de receitas de vendas por produto.

### Exemplo

Determinar o PEO e o PEG de uma empresa que fabrica dois produtos, a partir dos seguintes dados:

|  | Produto G | Produto H | Total |
|---|---|---|---|
| Unidad. produzidas e vendidas | 2.000 | 4.000 | 6.000 |
| Preços unitários de vendas | R$.. 20 | R$.. 15 | |
| Custos variáveis de vendas | R$.. 11 | R$.. 8 | |
| Margem de contribuição | R$... 9 | R$.. 7 | |
| Taxas Margem de contribuição | 0,450 | 0,467 | |
| Receitas de vendas | R$.. 40.000 | R$.. 60.000 | R$. 100.000 |
| Custos variáveis | R$.(22.000) | R$.(32.000) | R$.(54.000) |
| Margem de contribuição | R$.. 18.000 | R$.. 28.000 | R$...46,000 |
| Custos operacionais fixos | | | R$.. 27.600 |
| Lucro operacional | | | R$.. 18.400 |
| Despesas financeiras | | | R$.. 13.800 |
| Lucro antes do Imposto de Renda | | | R$.. 4.600 |

Pontos de equilíbrio em receitas de vendas:

$$PEO = \frac{R\$\ldots 27.600}{R\$.\ 46.000/R\$..100.000} = \frac{R\$..\ 27.600}{0,46} = 60.000$$

$$PEG = \frac{R\$.\ 27.600 + R\$.\ 13.800}{R\$.\ 46.000 / R\$.\ 100.000} = \frac{R\$..\ 41.400}{0,46} = R\$..\ 90.000$$

**PLANEJAMENTO EMPRESARIAL**

O planejamento evita surpresas, antecipa soluções, possibilita atingir os objetivos previstos.

Berti, A.

# 4. Planejamento Empresarial

O planejamento, atualmente, é um pré-requisito para a sobrevivência de uma empresa ou organização. O levantamento da capacidade operacional, bem como os recursos existentes e necessários, como máquinas, equipamentos, instalações, capital de giro etc. da empresa são identificados e detectados no planejamento da empresa.

Inicia-se a teoria sobre planejamento com um breve histórico, os conceitos; em seguida, enfocam-se os princípios gerais do planejamento, a importância do planejamento, institucionalização do processo e as etapas do planejamento e finaliza-se com orçamentos e mercado.

## 4.1 Conceito

Segundo Oliveira (1989, p. 20), o planejamento pode ser considerado como um processo desenvolvido para o alcance de uma situação desejada, de um modo mais eficiente e efetivo, com a melhor concentração de esforços e recursos da empresa.

De acordo com Anthony (1964, p. 4), "planejamento é o processo de decidir que ação deve ser tomada no futuro. A área de abrangência de um plano pode ser um pequeno segmento da empresa, ou pode ser toda a empresa".

O planejamento é definido por Tavares (1991, p. 68), como um "conjunto previamente ordenado de ações com o fim de alcançar os objetivos, compreendendo a alocação de recursos humanos, materiais e financeiros e procedimentos de avaliação".

Martins e Laugeni (1998, p. 173) citam que "planejamento é o processo lógico que descreve as atividades necessárias para ir do ponto no qual nos encontramos até o objetivo definido."

Segundo Montana e Charnov (1998, p. 101), "planejamento operacional ou planejamento do dia-a-dia, direciona cronogramas específicos e alvos mensuráveis."

Sanvicente e Santos (1979, p. 16) afirmam que "planejar é estabelecer com antecedência as ações a serem executadas, estimar os recursos a serem empregados e definir as correspondentes atribuições de responsabilidades em relação a um período futuro determinado para que sejam alcançados satisfatoriamente os objetivos porventura fixados para uma empresa e suas diversas unidades".

Segundo Oliveira (1999, p. 47), "os planejamentos operacionais correspondem a um conjunto de partes homogêneas do planejamento tático. Deve conter com detalhes: os recursos necessários para o seu desenvolvimento e implantação; os procedimentos básicos a serem adotados; os produtos ou resultados finais esperados; os prazos estabelecidos; e os responsáveis pela sua execução e implantação".

Na consideração dos níveis de planejamento, conforme Oliveira (1989, p. 30-34), pode-se distinguir três tipos de planejamento, a) planejamento estratégico, b) planejamento tático e c) planejamento operacional.

O planejamento estratégico pode ser conceituado como um processo gerencial que possibilita ao executivo estabelecer um rumo a ser seguido pela empresa, com vistas a obter um nível de otimização na relação da empresa com o seu ambiente. No planejamento estratégico são estabelecidas as metas e os objetivos gerais são os objetivos macro econômicos da empresa. No planejamento estratégico não se verificam os detalhes das metas e sim o objetivo geral a ser atingido.

O planejamento tático tem por objetivo otimizar determinada área de resultado e não a empresa como um todo. O planejamento tático trabalha com departamentos da empresa, departamentos esses definidos no planejamento estratégico. O planejamento tático é desenvolvido em níveis organizacionais, tendo como base a utilização eficiente dos recursos disponíveis para a consecução de objetivos previamente fixados.

Maximiano (1995, p. 235) afirma que "o ponto de partida para elaboração de um plano operacional é um objetivo geral, que estabelece o problema a ser resolvido ou o resultado final a ser alcançado".

A Directa BDO (1995, p. 86) afirma que "o planejamento operacional tem por objetivo prever seqüencialmente as atividades que devem ser desenvolvidas no processo operacional, o consumo de recursos envolvidos, e os prazos de execução. Orienta a execução das atividades e serve como parâmetro para a correção de desvios".

Segundo Catelli, Pereira, e Vasconcelos (1999, p. 132), o processo de planejamento operacional corresponde às seguintes etapas:
a) estabelecimento dos objetivos operacionais;
b) definição dos meios e recursos;
c) identificação das alternativas de ação;
d) escolha das alternativas e incorporação ao plano;
e) estruturação e quantificação do plano; e,
f) aprovação e divulgação do plano.

Desse modo, planejar é decidir com antecedência o que fazer, como fazê-lo, quando fazê-lo e quem deve fazê-lo. O planejamento cobre o espaço entre onde estamos e para onde queremos ir. Torna possível a ocorrência de eventos que, em caso contrário, não aconteceriam.

### 4.2 Princípios gerais do planejamento

Na elaboração do planejamento empresarial, o responsável pelo processo deve estar atento aos princípios gerais, visto que, a obediência aos mesmos possibilita a realização de um bom planejamento. Segundo Welsch (1990, p. 48-60), os princípios gerais são os seguintes:
a) envolvimento administrativo - consiste em que a administração compreenda o papel do planejamento nos negócios, es-

tando convencida do benefício que ele traz à organização e dedique recursos ao seu desenvolvimento, apoiando o instrumento nas suas várias etapas;
b) adaptação organizacional - as responsabilidades organizacionais devem estar claras, definidas e o organograma formalizado pela organização corresponde à estrutura que realmente existe;
c) contabilidade por área de responsabilidade - unidades de negócios, centros de lucros, centro de custos e centro de responsabilidade devem estar claramente definidos na contabilidade e devem ser considerados na geração de informação;
d) orientação por objetivos - os objetivos da organização são refletidos nas várias áreas, por sua vez, os indivíduos devem ser responsáveis pelos objetivos de sua área de atuação;
e) comunicação integral - comunicação e participação são duas vertentes da mesma moeda a comunicação no planejamento empresarial é algo que ocorre a partir do momento em que a instituição decide que a participação deve ocorrer e em que nível;
f) expectativas realísticas - devem ser evitados tanto o plano acomodado, sem desafios, como também o plano agressivo em demasia, mas com baixa probabilidade de se converter em realidade;
g) oportunidade - a oportunidade está ligada ao momento mais adequado de dispor das informações para sua utilização.;
h) aplicação flexível - significa que o plano de negócios é um instrumento a serviço dos executivos e não uma *camisa-de-força* que impeça as ações que não foram consideradas no plano;
i) acompanhamento - o planejamento só se consuma se for monitorado, acompanhado e controlado;
j) reconhecimento do esforço individual e do grupo - não apenas o desempenho negativo deve ser evidenciado. Quando a organização identifica as variações favoráveis e desfavoráveis, relacionando tal desempenho a dada área e indivíduo e resultando em conseqüências na remuneração, ela proporciona condições de motivação adequada às pessoas.

Por outro lado, alguns autores usam o termo *natureza do planejamento,* para denominar os princípios, como é o caso de Koontz, O'Donnell e Weihrich (1987, p. 6-8), que afirmam que a

natureza do planejamento pode ser definida em quatro principais aspectos, como segue:
a) contribuição a finalidades e objetivos - todo plano principal, juntamente com os planos auxiliares, destina-se a facilitar a concretização das finalidades e dos objetivos de uma organização. Este princípio decorre da natureza do empreendimento organizado, que existe para a consecução de finalidades de grupo, através de cooperação deliberada.
b) primazia do planejamento - as atividades administrativas de organização se destinam a apoiar a realização dos objetivos da instituição, o planejamento logicamente precede à execução de todas as outras funções de administração. Todas as outras funções de administração devem ser planejadas, para que possam ser executadas eficazmente. Planejamento e controle são especialmente inseparáveis (os irmãos siameses da administração).
c) onipresença do planejamento - planejar é função de todos os administradores, embora a natureza e amplitude do planejamento variem com sua autoridade e com a natureza das políticas e dos planos formulados por seus superiores.
d) eficiência dos planos - a eficiência de um plano é medida pelo grau segundo o qual contribui para a realização de finalidades e objetivos, descontados os custos e as outras conseqüências indesejadas de sua formulação e execução.

Os princípios do planejamento ou natureza, como também é denominado, são premissas importantes e devem estar presentes na elaboração e execução de qualquer planejamento empresarial.

### 4.3 Importância do planejamento

Oliveira (1989, p. 30-34) afirma que o planejamento é uma função importante na administração empresarial, pois essa importância decorre das quatro metas que possui, conforme segue:
a) compensar incerteza e mudanças - a incerteza a respeito do futuro e as mudanças fazem do planejamento uma necessidade. O futuro raramente é certo, e quanto mais distante no futuro estiverem os resultados de uma decisão, menor será a certeza.

Mesmo quando o futuro é bastante certo, algum planejamento é normalmente necessário.
b) focalizar atenção em objetivos - como todo planejamento se destina à consecução de objetivos da organização, o simples ato de planejar focaliza a atenção nesses objetivos.
c) obter economicidade operacional - o planejamento minimiza custos devido a ênfase em operações eficientes e na ocorrência. Quando se planeja se sabe antecipadamente as ações envolvidas nos eventos e, com isso, economiza-se tempo, recursos etc.
d) facilitar o controle - para que os administradores possam avaliar o desempenho de seus subordinados é necessário dispor de metas e programas contra os quais medi-lo. Não há como controlar sem planos que possam ser usados como padrões.

A importância do planejamento aumenta, à medida em que os gestores conhecem os resultados de uma administração planejada, visto que, é uma ferramenta que direciona e possibilita identificar os resultados antecipadamente.

### 4.4 Institucionalização do processo de planejamento

Em se tratando de institucionalização do processo de planejamento, Tavares (1991, p. 61-64) afirma que corresponde a um conjunto de medidas necessárias à efetiva implantação do planejamento, destacando-se:
- a explicitação do processo de planejamento;
- a formalização de um grupo de apoio ao processo;
- a abordagem a ser seguida;
- a adoção de uma linguagem comum;
- a definição das etapas do planejamento;

No processo, o relacionamento entre os vários elementos que compõem o planejamento é importante, podendo ser descrito, conforme Frezatti (2000, p. 23-24), como segue:
a) certa base de dados existe na organização, possibilitando o resgate do desempenho passado;
b) as expectativas dos interesses externos pressionam os agentes internos;

c) as expectativas dos interesses internos, ou seja, dos executivos, interagem com as pressões dos agentes externos;
d) considerando-se que a visão a longo prazo deve preceder as ações de curto prazo, as questões estratégicas devem ser tratadas.
e) uma vez definida a visão estratégica do negócio, é possível elaborar o orçamento para o exercício;
f) após a elaboração, análise, aprovação e divulgação do orçamento, o acompanhamento orçamentário deve se desenvolver.

A explicitação do processo de planejamento constitui uma etapa do processo em que todos os participantes discutem a definição do conteúdo do planejamento, os procedimentos a serem adotados, as atribuições e responsabilidade de cada área, o calendário e os instrumentos a serem utilizados. Essa etapa deve ser previamente delineada e explicitada com muito zelo, uma vez que o envolvimento e participação no processo são em grande parte resultantes da maneira como ela é conduzida.

A formalização do processo é importante para que o planejamento seja efetivamente implantado. É necessário criar uma organização específica com a finalidade de coordenar todo o processo. Essa organização deverá formalizar um grupo de apoio ao seu processo. Deverão ser definidas as responsabilidades de cada integrante do grupo. Os problemas e as disfunções devem ser eliminadas, minimizadas, ou mantidas sob o controle do grupo.

A abordagem a ser seguida pode ter dois tipos de configurações relacionadas, mas com sentido diferenciado. O primeiro indica a verticalidade do planejamento; o segundo, a sua integração.

A adoção de uma linguagem comum consiste no desenvolvimento e na adoção de conceitos e de posturas relacionadas ao planejamento. É importante que todos os participantes do planejamento conheçam o significado de cada um dos termos usuais, além de chegarem a um mesmo denominador sobre suas ações.

## 4.5 Etapas do planejamento

Koontz, O"Donnell e Weihrich (1987, p. 22) apresentam as etapas do planejamento, visto em forma de fluxograma, conforme apresentado na figura 3.

*Figura 3 - Fluxograma das etapas do planejamento*

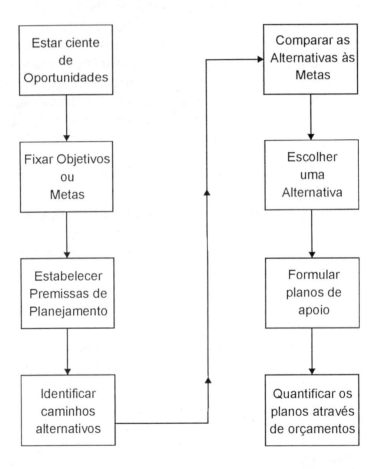

A definição das etapas do planejamento deve seguir as características próprias de cada empresa. A localização da empresa, o porte, a maneira da diretoria administrar, tipo de atividade desenvolvida etc. O fluxograma mostra as etapas importantes na elaboração do planejamento operacional de uma empresa.

## 4.6 O novo Estado Industrial

Segundo o professor John Kenneth Galbraith, no último século, as inovações e alterações na economia foram grandes, devido a aplicação de uma tecnologia cada vez mais complexa e aprimorada à produção de bens.

Há setenta anos, a sociedade anônima achava-se ainda confinada às indústrias. As sociedades anônimas era o instrumento de seus proprietários e uma projeção de suas personalidades. Os homens que ora dirigem as empresas são desconhecidos e não possuem uma parcela apreciável de ações da empresa.

É também lugar-comum ter mudado a relação do Estado para com a economia. O estado aumentou a sua participação na economia.

Desde o primeiro aparecimento do capitalismo até o começo da guerra de Hitler a expansão e a recessão tinham seguido uma à outra em intervalos regulares, porém em marcha firme. O ciclo do comércio tinha se tornado matéria separada do estado econômico. Três outras mudanças participam menos intimamente da litania de realizações estabelecidas:

Primeiro, houve um crescimento maciço na aparelhagem de persuasão e exortação no marketing de venda de mercadorias.

Segundo, a participação nos sindicatos, em proporção à força de trabalho, estabilizou.

Finalmente, tem havido grande expansão nas matriculas para o ensino superior.

Essas mudanças todas fazem parte de uma matriz de mudança ainda maior. Em seu efeito sobre a sociedade econômica essa matriz tem sido maior que a soma das partes.

Dessas mudanças advêm a necessidade e a oportunidade da grande empresa comercial. A grande inovação do capital e organização muito antes do resultado requerem que haja previsão e que se tomem todas as medidas exeqüíveis para impedir que o que se previu se torne conhecido.

A alta produção e renda, que são frutos de tecnologia adiantada e da organização em expansão, afastam grande parte da população das compulsões e pressões das necessidades físicas. A demanda de consumidores, juntamente com os preços e custos, torna-se sujeita a manobras. Isso acrescenta um novo e importante elemento de controle sobre o ambiente.

A tecnologia moderna, define uma crescente função do Estado Moderno. E a tecnologia e as necessidades de capital a ela ligadas conduzem ainda mais diretamente à regulação da procura pelo Estado.

A fartura aumenta a necessidade dessa estabilidade de procura global. Uma sociedade rica deve sua produtividade e renda, pelo menos em parte, à organização em grande escala. Numa comunidade de elevada bem-estar, o dispêndio e, com isso, a demanda são menos seguros que numa comunidade pobre. A revolução Keynesiana ocorreu no momento da história em que outra mudança a tornou indispensável. Em economia, não há mal em uma revolução prematura do enredo. A vida econômica moderna é vista com muito mais clareza quando, como aqui se faz, se esforça por vê-lo em seu todo.

Interessa também mostrar como, neste contexto maior de mudanças, as forças que incitam o esforço humano mudaram . Isto ataca a mais majestosa de todas as idéias econômicas, a saber, a de que o homem em suas atitudes econômicas, está sujeito a autoridade do mercado. Ao invés, temos um sistema econômico que, independentemente de sua relação ideológica formal, é substancialmente uma economia planejada. A iniciativa de decidir o que se deve produzir não vem do consumidor, vem da grande empresa produtora que se adianta para controlar os mercados que, presume-se ela deve servir.

Uma das conclusões que decorre desta análise é que existe uma ampla convergência entre sistemas industriais. Os imperativos de tecnologia e da empresa determinam a forma da sociedade econômica.

Galbraith conforme se observou afirma nós estamos tornando servos em pensamento, como também em ação da máquina que criamos para servir-nos.

O capital, a tecnologia adiantada, a organização complexa e as outras características do que passamos – não acidentalmente – a considerar empreendimento moderno são limitadora ou estão ausentes.

A parte de economia que, automaticamente, identificamos como a sociedade industrial moderna, compreendê-la é compreender a parte que está mais sujeita a mudanças e que, portanto, mais modifica nossas vidas.

### 4.6.1 Os Imperativos da Tecnologia

Tecnologia significa a aplicação sistemática de conhecimento científico ou outro conhecimento organizado a tarefas práticas. Sua conseqüência mais importante, é forçar a divisão e subdivisão de qualquer dessas tarefas a entrar em suas partes componentes.

Quase tudo das conseqüências da tecnologia e grande parte da forma da indústria moderna derivam dessa necessidade de dividir e subdividir tarefas e da necessidade ainda de aplicar o conhecimento sobre essas frações e da necessidade final de combinar os elementos da tarefa do produto acabado, como um todo. Seis conseqüências são de importância imediata.

**Primeira:**

Um intervalo de tempo cada vez maior separa o inicio do término de qualquer tarefa. O conhecimento é aplicado a microfração final da tarefa; depois a que está em combinação com alguma outra fração; em seguida a alguma outra combinação. Quanto mais sofisticado o processo de produção, tanto mais demorado será o tempo entre o inicio e o término da tarefa.

**Segunda:**

Há um aumento no capital investido na produção, com isso, maior investimento em mercadorias em processo. A aplicação do conhecimento a um elemento do problema de manufatura envolve também tipicamente a criação de uma máquina para desempenhar a função.

**Terceira:**

Com o crescimento da tecnologia, o emprego de tempo e dinheiro tende a ser feito de maneira cada vez mais flexível com relação ao desempenho de determinada tarefa. Esta tem que ser definida com precisão antes de ser dividida e subdividida em suas partes componentes.

**Quarta:**
A tecnologia exige mão-de-obra especializada. Conhecimento organizado só pode ser aplicado, por aqueles que possuem. O planejamento a ser mencionado dentro em pouco, exige também um nível comparativamente alto de talento organizado.

**Quinta:**
A contrapartida inevitável de especialização é a organização. As organizações comerciais maciças e complexas são a manifestação tangível da tecnologia adiantada.

**Sexta:**
Do tempo e capital que devem ser investidos, da inflexibilidade desse investimento, das necessidades da grande organização e dos problemas da atitude do mercado sob condições de tecnologia adiantada, vem a necessidade de se fazer planejamento.

Quanto mais requintada a tecnologia, tanto maiores, serão todas aqueles requisitos acima citados. Isso se aplica a simples produtos quando passam a ser feitos por processos mais aprimorados.

É lugar-comum da tecnologia moderna haver alto grau de certeza de que os problemas têm solução antes que se saiba como deverão ser solucionados.

Se os métodos de realizar uma tarefa específica forem incertos, a necessidade de se aplicar informações organizadas será muito maior do que seria se os métodos fossem conhecidos. A tecnologia, em todas as circunstâncias, conduz ao planejamento.

### 4.6.2 A Natureza do Planejamento Industrial

Até o fim da segunda guerra mundial, planejamento era uma palavra que se evocava moderadamente. Implicava sensata preocupação pelo que poderia acontecer no futuro e uma disposição de, pôr meio de uma medida previdente, frustrar uma disfunção ou infortúnios evitáveis.

Com a guerra fria, porém, a palavra planejamento adquiriu tonalidades ideológicas. Os países comunistas não só socializaram a propriedade, como planejaram, o que parecia mais perigoso ainda. Como a liberdade, naqueles países, se achava circunscrita, seguia-se, pois, que o planejamento era algo que a sociedade libertária deveria evitar. O liberalismo moderno acentua mais cuidadosamente o tato de que a clareza de linguagem. Por conseguinte, evitou o termo e os conservadores tachavam-no oprobrioso. Planejador econômico era menos grave que ser acusado de comunismo ou de perversão sexual imaginativa.

Para a compreensão da economia de países industriais adiantados, dificilmente teria sido pior essa reação contra o vocábulo planejamento. Ocorreu quando maior emprego de tecnologia e o investimento de tempo e capital que a acompanhou estavam forçando um extenso planejamento em todas as comunidades industriais.

Mas o que não se supõe existir é muitas vezes imaginado como não devendo existir, a função do planejamento na sociedade industrial moderna só ligeiramente continua sendo apreciada. Conservadores fá-los considerar que o planejamento econômico envolve, investimento, o controle do comportamento do indivíduo.

Na economia do mercado, conta-se com o preço que se oferece para obter o resultado que se procura. O consumidor obtém o necessário ato de reação da firma que supre suas necessidades. Oferecendo pagar mais ainda, obtém mais, por sua vez, com semelhantes ofertas, obtém a mão-de-obra, os materiais e o equipamento de que precisa para a produção.

O planejamento existe porque esse processo deixou de ser seguro. A tecnologia com o investimento de tempo e capital que a acompanha significa que as necessidades do consumidor têm que ser previstas.

A medida que o tempo passa e mais capital é investido, torna-se cada vez mais perigoso confiar nas reações simples do consumidor e julgar que não haja necessidades de maior análise. O comportamento do mercado tem que ser modificado pôr certo grau de planejamento.

Do modo de ver da firma industrial, o planejamento consiste em prever as medidas que se tornam necessárias entre o inicio e o término da produção e em preparar-se para a execução dessas medidas.

Uma firma não pode prever e programar utilmente a ação futura nem preparar-se para contingências se não sabe quais serão os preços, quais as vendas, qual o custo, inclusive mão-de-obra e custo de capital, e o que haverá à disposição a esses custos. Se o mercado estiver inseguro, ele não conhecerá esses elementos.

Existem várias estratégias para tratar da crescente incerteza dos mercados, as mais comuns exigem que o mercado seja substituído por uma fixação autoritária dos preços e das quantidades a serem vendidas ou compradas e esses preços. Há três meios de fazê-lo:

1 - Pode-se eliminar o mercado;
2 - Ele pode ser controlado por vendedores ou compradores;
3 - Pode ser suspenso por períodos definidos ou indefinidos por meio de contratos entre as partes vendedoras e compradoras.

O mercado é posto de lado pelo que se chama integração vertical. A unidade de planejamento assume a direção da fonte de abastecimento ou de escoadouro; uma transação sujeita a barganha de preços e quantidades é, portanto, substituída por uma transferência dentro da unidade de planejamento.

Controlar o abastecimento – não confiar no mercado, porém em suas fontes de abastecimento – é uma medida de proteção elementar, nada explica melhor a política industrial moderna, no tocante a capital e mão-de-obra, do que o desejo de tornar esses fatores de custo altamente estratégicos, sujeitos a decisões puramente internas.

Podem-se controlar também os mercados. O controle consiste em reduzir ou eliminar a independência de ação daqueles aos quais a unidade de planejamento vende ou dos quais ela compra. A opção de eliminar um mercado é uma importante fonte de poder para controlá-lo. Numa economia em que as unidades são grandes, as firmas podem eliminar entre si as incertezas de mercado.

Dois pontos de certo interesse. Primeiro: é claro que o planejamento industrial está francamente ligado ao tamanho. A grande empresa pode tolerar a incerteza do mercado, o que não se dá com firma menor. Segundo: o inimigo do mercado não é a ideologia e sim o engenheiro.

*Motivação e Perspectiva*

O poder na vida econômica, com o tempo, passou de sua antiga associação com a terra para a associação com o capital e daí nos tempos recentes, para o complexo de conhecimentos e proficiências que forma a tecnoestrutura.
 O conhecimento especializado e sua coordenação tornaram-se agora, o fator decisivo para o êxito econômico
Há um problema concernente àquilo que se ensina. O que se ensina depende do compêndio, e neste tem-se que temperar a verdade com o que é vendável. Aquilo que é vendável num compêndio é o que comumente se acredita ou que comumente se acredita ser acreditado. A compensação pecuniária constitui a única força motivadora.

*A Motivação e a Tecnoestrutura*

A companhia amadurecida é uma organização grande e complexa, e os indivíduos se adaptam a seus objetivos em resposta a diversos motivos.
É mais útil considerar a empresa amadurecida como uma série de círculos concêntricos. A faixa dentro de cada par de círculos representa um grupo de participantes com um sistema de motivação diferente.A relação do acionista comum com a empresa é o caso mais simples de motivação pecuniária.
O círculo interno é ocupado pelos operários da produção . Já nestes a motivação torna-se misturada, entre a compensação pecuniária e identificação . Essa mistura particular varia com as circunstâncias da indústria e da firma. Se a identificação for forte e puder ser reforçada, ela diminuirá as oportunidades dos sindicatos, o planejamento industrial torna mais seguro. Os custos salariais são previsíveis.

Quatro outras circunstâncias que induzem a identificação:
1 - Se o prestígio do grupo ou da organização que atrai a identificação é grande e geralmente percebido;
2 - Se há freqüentemente interação entre os indivíduos que formam a organização.
3 - Se grande número das necessidades do indivíduo é satisfeita dentro da organização.
4 - Se a competição entre os membros da organização é reduzida no mínimo.

Na atualidade, basta que a empresa amadurecida tenha o prestígio que induz e encoraja o indivíduo a aceitar os objetivos dela em lugar do seus.

A tecnoestrutura coloca, nos grupos, o poder de dar decisões. E estes envolvem a participação de grande número de indivíduos de posições e categorias muito variadas.

A adaptação, como motivo, é mais forte a medida que nos aproximamos dos círculos internos da tecnoestrutura. A adaptação na companhia amadurecida, é também reforçada pela tendência quase invariável dos indivíduos de estreitar o universo de modo que este coincida com seus próprios horizontes.

### 4.6.3 Estratégia Empresarial

Segundo o professor Higor Ansoff,[18] analisa a estrutura das decisões na empresa, bem como os tipos de decisões empresariais.

O professor procura demonstrar de que forma as decisões estratégicas são tomadas, e mostra um modelo de tomada de decisão estratégica. O professor também faz um paralelo com a teoria de investimentos de capital TIC, para demonstrar como as decisões são tomadas.

No modelo demonstrado pelo professor Ansoff, este enfoca as etapas da solução de problemas, bem como as exigências e antecedentes do novo método. Enfoca também o delineamento do método de busca adaptativa para a formulação de estratégias.

---

[18] Ansoff, Higor (1977).

### 4.6.4 Estrutura das Decisões Empresariais

Para tentarmos compreender este processo decisório, podemos avançar por dois caminhos: *primeiro:* é o de descobrir como as pessoas, os executivos, tomam as suas decisões, dadas as alternativas e suas conseqüências, em que espécie de interações de grupo acham-se envolvidas, quais os processos mentais desenvolvidos, e que regras aplicam para chegarem à alternativa preferida. O outro caminho consiste no estudo das alternativas e suas conseqüências para chegar a uma compreensão da natureza e da estrutura das decisões – identificar o problema, enumerar e definir as variáveis controláveis e não controláveis, estabelecer relações entre elas, isolar as decisões importantes e formular regras para toma-las.

Como não existe teoria adequada sobre o processo de tomada de decisões estratégicas, devemos começar pela construção de nosso próprio modelo de empresa..

### 4.6.5 Categorias de Decisões

O termo *empresa*, refere-se a uma organização social com objetivos próprios e motivada econômica ou monetariamente. A medida do sucesso de uma empresa tem sido o lucro – o excedente de retorno obtido pela empresa em relação aos custos incorridos – e esta medida é que tem distinguido uma empresa de outra formas de organização social. É possível atribuir um conjunto de objetivos a cada empresa, e que esse conjunto constitui a principal diretriz do processo decisório.

A *segunda* característica do processo decisório é a de que uma empresa procura atingir seus objetivos por meio do lucro e, mais especificamente, convertendo seus recursos em bens e/ou serviços e obtendo um retorno ao vendê-los a clientes. Recursos básicos: físicos, monetários e humanos. A sobrevivência da empresa depende do lucro; Do ponto de vista das decisões, o problema geral das atividades da empresa consiste em configurar e dirigir o processo de conversão de recursos de maneira a otimizar a consecução dos objetivos. Nosso enfoque consistirá em construir três categorias respectivamente denominadas estratégica, administrativa e operacional.

As decisões operacionais normalmente absorvem a maior parte da energia e da atenção de uma empresa. Visam maximizar a eficiência do processo de conversão de recursos da empresa, ou, maximizar a rentabilidade das operações correntes.

As decisões estratégicas, preocupam-se principalmente com problemas externos da empresa, escolha do composto de produtos a ser fabricado, mercados que serão vendidos, consiste no problema da identificação do ramo em que opera e dos ramos em que procurará ingressar. As decisões estratégicas referem-se a uma escolha para a aplicação de recursos entre possíveis alternativas, independentemente do tamanho da empresa;.

As decisões administrativas preocupam-se com a estruturação dos recursos da empresa de modo a criar possibilidades de execução com os melhores resultados. Uma parte do problema administrativo diz respeito à organização. A outra parte relaciona-se à obtenção e ao desenvolvimento de recursos.

*Integrações de Categorias de Decisões*

As decisões estratégicas asseguram a escolha apropriada dos produtos e mercados da empresa. A estratégia impõe exigências operacionais. A estrutura administrativa deve proporcionar um clima apropriado para o atendimento dessas exigências. *estrutura segue a estratégia* - características em termos de produtos e mercados criam necessidades operacionais, e estas, pôr sua vez, determinam a estrutura das relações de autoridade e responsabilidade.

Em contrapartida, as decisões estratégicas não são auto-regenerativas; elas não criam exigências automáticas em termos de atenção da alta administração. As empresas demoram muito a reconhecer condições nas quais o problema operacional pode ceder lugar ao estratégico.

Os problemas estratégicos exigem atenção especial porque é mais difícil identificá-los. As observações anteriores deixam bem claro que uma teoria ampla do processo de tomada de decisões numa empresa deve incluir as interações das principais categorias de decisões.

### 4.6.6 Um Modelo de Tomada de Decisões Estratégicas

A primeira vista, as decisões estratégicas assemelham-se a decisões de investimento de capital, que tratam, de maneira semelhante, da alocação de recursos a ativos fixos e máquinas.

*Teoria do Investimento de Capital (TIC)*

A análise do investimento de capital começa com a identificação e enumeração de propostas de aquisição de ativos fixos e equipamentos para o exercício orçamentário seguinte. Somente as receitas e os custos adicionais resultantes do projeto devem ser levados em conta.

Três métodos freqüentemente usados para avaliar projetos são os de período de payback, da taxa interna de retorno, e do valor atual líquido.

*Etapas da Solução de Problemas*

Simon demonstrou que a solução de qualquer problema de decisão em atividades empresariais, científicas ou artísticas pode ser visualizada em quatro etapas:
1 - Percepção da necesasidade de decisão ou oportunidade.
2 - Formulação de alternativas de ação.
3 - Avaliação das alternativas em termos de suas respectivas contribuições.
4 - Escolha de uma ou mais alternativas para fins de execução.
- **1 - Percepção da necessidade**: é um aspecto importante da tomada de decisões estratégicas.
- **2 - Busca de alternativas**: a teoria tradicional do investimento de capital exige que todas as alternativas sejam conhecidas no momento da decisão. Essas condições de desconhecimento parcial sobre as oportunidades futuras constituem a regra.
- **3 - Avaliação de Projetos**: A TIC utiliza a rentabilidade a longo prazo do projeto como padrão de avaliação. Alguns especialistas em Administração e Economia têm defendido o ponto de vista de que o lucro não é o único objetivo da empresa.

*Exigências e Antecedentes do Novo Método*

A exposição anterior mostra que, para ser aplicável como método prático de tomada de decisões em relação a produtos e mercadorias, a teoria do investimento de capital deve ser ampliada, emendada e complementada, para permitir acompanhar a evolução do ambiente que envolve a empresa e levar à busca de possibilidades de ingresso em novos campos, um método de tomada de decisões estratégicas. O método deve:

1 - Incluir todas as quatro etapas da seqüência do processo genérico de resolução de problemas e não apenas as duas últimas. A ênfase maior deve recair sobre as duas primeiras etapas, o acompanhamento das alternativas sofridas pelo meio ambiente e a busca de oportunidades atraentes em termos de produtos.
2 - Permitir a alocação dos recursos da empresa entre as oportunidades disponíveis e as prováveis oportunidades futuras em condições de ignorância parcial.
3 - Avaliar os efeitos conjuntos resultantes do acréscimo de novos produtos e mercados às operações da empresa.
4 - Dar destaque às oportunidades com significativas vantagens competitivas.
5 - Lidar com um vetor de objetivos potencialmente antagônicos.
6 - Avaliar as potencialidades de projetos a longo prazo, muito embora as projeções de fluxo de caixa não sejam merecedoras de confiança.

Estudaremos os problemas estratégicos em dois níveis e duas etapas.

No *primeiro nível*, consideraremos as características da posição global da empresa, com a finalidade de formular regras de decisão para a busca e avaliação de oportunidades, sendo a da decisão a respeito do ramo em que opera a empresa e do ramo que deve operar. Este conceito é descrito, em sua totalidade, pôr duas regras de decisão. A *primeira*, que fixa os padrões de avaliação de desempenho da empresa, diz respeito aos seus objetivos. A *outra*, que define as características desejáveis dos diversos produtos e mercados, refere-se à estratégia em termos de produtos e mercados.

Os objetivos fixam as metas, e a estratégia indica o caminho a ser seguido para que as metas sejam alcançadas.

No segundo nível, as regras são aplicadas a oportunidades específicas, no momento e da maneira em que surgem. Neste caso, o enfoque é semelhante ao da TIC. As diferenças residem na aplicação da estratégia para selecionar as oportunidades, no uso de um vetor de objetivos, no uso de padrões qualitativos adicionais para refinar a determinação da rentabilidade.

*Delineamento do método de busca adaptativa para a formulação de estratégias*

O método utiliza um procedimento de busca para chegar até uma estratégia, através de um processo em *cascata*; as regras de decisão são formuladas em termos grosseiros e são sucessivamente refinadas pela passagem por diversos estágios. A *primeira* etapa consiste na escolha entre duas alternativas principais: diversificar ou não diversificar as atividades da empresa. A *segunda* é a escolha de um conjunto bastante amplo de produtos e mercados para a empresa. A terceira é a refinação desse conjunto em termos de características ou combinação de produtos e mercados.

Outra característica importante é o *feedback*. Em cada degrau da *cascata*, o procedimento é semelhante. (1) É estabelecido um conjunto de objetivos. (2) É estimada a diferença (hiato) entre a posição corrente da empresa e a indicada pelos objetivos. (3) propõe-se um ou mais de um caminho (estratégia). (4) As estratégias são testadas em termos das suas *propriedades* de redução de hiatos. Uma estratégia será aceita se permitir reduzir o hiato substancialmente; se isso não ocorrer, novas alternativas serão experimentadas.

Os conceitos de estratégia e de objetivos são os elementos-chave da aplicação bem-sucedida do método.

### 4.6.7 Estratégia Moderna nas Empresas

Segundo o professor Sérgio B. Zaccarelli, o sucesso de uma empresa depende basicamente de uma das seguintes características:
a) Estar em um bom negócio;
b) Ter uma melhor estratégia;
c) Ter maior funcionalidade interna que os concorrentes.

Um bom negócio por si só é meio caminho andado, e para ser bom negócio precisa ter algumas características, tais como: barreiras, rivalidades, poder de negociação etc.

Ter uma melhor estratégia é proporcionar vantagem competitiva para a empresa em relação aos concorrentes.

Ter maior funcionalidade interna que os concorrentes, também é ter vantagem competitivas em nível operacional.

Quando os administradores analisam a situação atual da empresa e deparam com uma situação indesejada, a estratégia é o caminho para levar a empresa a uma situação desejada, o problema está na passagem de uma situação para a outra, a arquitetura estratégica diminui os efeitos da passagem, devido a segmentação da estratégia em sub-estratégias.

O professor Zaccarelli, mostra bem a passagem do planejamento estratégico para a moderna estratégia, onde enfoca bem a superação do planejamento estratégico, mostrando bem que o importante é a moderna estratégia.

*1 - A Estratégia e o Sucesso*

O sucesso de uma empresa pode ser de três fontes:
A - Estar em um bom negócio;
B - Ter uma melhor Estratégia;
C - Ter maior funcionalidade interna que os concorrentes.

**A - Bom Negócio**: para ser um bom negócio, precisa apresentar os seis fatores:
1 - Barreira para a entrada;
2 - Barreira para a saída;
3 - Rivalidade;

4 - Produtos/serviços substitutos;
5 - Poder de negociação sobre os clientes;
6 - Poder de negociação sobre os fornecedores.

**A Política de Negócios**

Fazer uma análise cuidadosa estrutural do negócio deve-se avaliar os possíveis componentes de cada um das seis determinantes do sucesso do negócio.

As ações para melhorar a estrutura do negócio, podem adequadamente receber o rótulo de Política de Negócios.

*Limite da estratégia das empresas*

A estratégia da empresa relacionada com as ações para criar um diferencial de sucesso com relação as outras empresas concorrentes.

Esta forma de separar os campos da *estratégia* e da *política de negócios* não é adotada pôr todos os autores. Existem autores que preferem considerar que a estratégia incluí a política de negócios. É uma questão de critério para designar o campo da estratégia.

Para nós estratégia não se confunde com funcionalidade interna pôr só abordar os aspectos do relacionamento da empresa com o seu exterior.

A importância da estratégia para nós é paradoxal. Se a empresa estiver em um mau negócio e com baixa funcionalidade interna, então a melhor estratégia isolada raramente serve para levar a empresa ao sucesso. Mas se a empresa estiver em um bom negócio, ou estiver alta funcionalidade interna, a estratégia já pode produzir grande sucesso.

A situação com maior potencial para a estratégia produzir sucesso da empresa é quando tem-se um bom negócio e alta funcionalidade interna. É justamente neste caso que a disputa entre empresas fica extremamente rica em aspectos. Quem pode ter alto nível de sucesso precisa de boa estratégia.

*2 - Estratégia e Lógica*

A estratégia pode ser definido pelo conjunto de duas ações: A, B.

A - **Ação interativa sucessiva**: ocorre quando após a ação, ou lance, ou jogada, será a vez do oponente agir.
B - **Ação interativa simultânea**: ocorre quando os competidores iniciam uma ação sem saber o que o outro está fazendo simultaneamente.
  Decisão estratégica é aquela que ocorre o risco, o resultado é incerto, depende da reação dos concorrentes.
C - **Ação Lógica**: é o tipo de ação que tem um oponente cuja reação é previsível. É importante salientar que o qualificativo é *lógico* é colocado neste caso principalmente para salientar que nos dois tipos precedentes a ação não podia ser qualificada de lógica.
D - **Ação operacional lógica**: este tipo de ação incluí tudo que não tem reação.

### Diferença entre lógica e estratégia
1 - A lógica sabe-se com antecedência o resultado;
2 - A estratégia o resultado é incerto.

### Decisões Estratégicas e Decisões Lógicas
Temos dois tipos de ações interativas e lógicas:
**Ações interativas**: não podem ser precedidas por decisões lógicas pois são decisões com risco e o resultado é incerto dependendo da reação ou ação simultânea dos concorrentes. Também não pode dizer que são decisões irracionais. Elas tem um tipo próprio de racionalidade que não é lógica pura. O nome dado a esse tipo de decisão é **decisão estratégica**.

  A existência de risco é fundamental para a decisão ser qualificada de estratégica. Se o risco for nulo a decisão passa a ser lógica porque risco nulo implica em conhecer o resultado da ação.

  Existem decisões que são feitas correndo risco desnecessário. São decisões estratégicas mal feitas.

*As Origens da Estratégia*

  Três são as origens da decisão estratégica possíveis: (1) ser emergente, (2) ser aprendida, (3) ser decidida.

**A emergente**: simplesmente aparece no decorrer da história vivida dos executivos.
**Aprendida**: contida nos livros
**Formalizada**: formalmente organizada e aprovada na empresa.

*A Estratégia como Problema*

A definição do problema de estratégia tem que considerar prioritariamente como o estrategista começa a trabalhar.

A palavra *problema* denota uma preocupação mental, mas se desdobra em duas variantes completamente diferentes. Dois tipos de problema: lógico e passagem.

**Problema de Lógica**

Em administração de empresas os problemas de lógica, estão no dia-a-dia

**Problema de Passagem**

Pressupõe a existência simultânea e obrigatória de três condições.
1 - a situação atual é considerada insatisfatória;
2 - existe uma nova situação, considerada melhor que a atual;
3 - existe alguma dificuldade para a passagem de uma para a outra.

Deixando de existir qualquer uma das três condições acima, não existe problema.

Os problemas de estratégia nas empresas são tipicamente problemas de passagem, que não podem ser transformados em problemas de lógica.

Muitas metodologias de planejamento estratégico, agora consideradas ultrapassadas, começavam com a *definição de objetivos*.

A racionalidade da abordagem moderna é muita direta. Se o problema de estratégia existe como problema de passagem, então é necessário que:
1 - haja insatisfação com a situação atual da empresa;
2 - tem-se uma visão de uma situação desejada;
3 - seja viável vencer as dificuldades de passagem da situação atual para outra situação mais próxima da situação desejada.

Para operacionalizar essas três condições é necessário:
1 - analisar os motivos para estar insatisfeito;
2 - ter um conceito claro do que é conveniente ter como situação desejada.
3 - conhecer as limitações para passagem da situação atual para a situação desejada ou próxima da situação ideal.

**Análise dos motivos para insatisfação:** a satisfação traz riscos funcionais de dois tipos: risco da satisfação ser improcedente e o risco da evolução acabar com a satisfação quando já é tarde demais.

1 - **Risco da satisfação improcedente**: durante um período de descobertas excitantes ou progresso acelerado não há tempo para planejar instalações perfeitas. Um grande número de satisfações improcedentes para a estratégia da empresa refere-se aos aspectos internos da empresa.
2 - **Risco da evolução acabar com a satisfação**: as empresas lideres no mercado presente, constitui um impicilio para desenvolver a preocupação com a situação futura, resultante de:
    - trajetória de sucesso;
    - nenhuma defasagem entre as expectativas e o desempenho;
    - satisfação com o desempenho atual;
    - acúmulo de recursos abundantes;
    - visão de que os recursos vencerão;
    - a criatividade é substituída pelos recursos.
3 - **Risco da insatisfação ter motivos errados:** deve-se considerar um risco que ocorre pôr se estar insatisfeito com um determinado aspecto quando dever-se-ia estar insatisfeito com outro aspecto. Tem-se que estar insatisfeito polo motivo certo.

*A situação desejável para a empresa*

A segunda condição para a existência de um *problema de passagem* é que os donos, que tenham uma visão de uma situação melhor para a empresa. Os modernos estrategistas entretanto acham que é muito importante saber o que se almeja como **ideal** para a empresa no jogo estratégico.

Para a situação desejada ideal para a empresa é satisfazer a seguinte situação simultaneamente:
- ter uma vantagem competitiva firme e duradoura, e sem desvantagens competitiva mais forte que a vantagem.
- ter capacidade de gerar novas vantagens competitivas.
- ter capacidade de competir globalmente.
- ter uma visão de futuro que forneça um horizonte de oportunidades.

*As dificuldades da Passagem*

É necessário existir alguma dificuldade para ir da situação atual para a situação desejada. As empresas vencedoras definiram a sua *situação desejada* muito além do que parecia viável pelos recursos disponíveis.

### 4.6.8 A Vantagem Competitiva

O que importa na vantagem competitiva é criar um diferencial em relação às demais empresas que seja reconhecido pelos clientes. A empresa tem uma oportunidade de conseguir uma vantagem competitiva se dedicar mais aos clientes que as suas concorrentes.

A vantagem competitiva é qualquer característica do produto ou serviço da empresa que os clientes reconhecem como um diferenciados positivo em relação a outras empresas

A vantagem competitiva, é um fator decisivo para o sucesso da empresa sobre os concorrentes.

*Os três níveis de estratégia nas Empresas*

1 - **Estratégia operacional**: que cuida diretamente das ações para conseguir ou melhorar as vantagens competitivas.
2 - **Estratégia de negócios**: que cuida de criar condições para viabilizar novas vantagens competitiva a curto prazo.
3 - **Estratégia corporativa**: que cuida de criar condições para viabilizar vantagens competitivas no longo prazo.

A colocação dos níveis de estratégia dependentes da variável tempo permite as seguintes considerações:
- se for prejudicada a estratégia operacional, os resultados econômicos da empresa mostrarão queda imediata,
- se for prejudicada a estratégia corporativa, só no longo prazo haverá queda da competitividade.

*A Ligação entre os Três níveis da Arquitetura Estratégica*

Toda a estratégia moderna existe em função da vantagem competitiva de hoje e do futuro. Por isso os níveis corporativo e de negócios existem para decidir e fazer ações que possibilitem as vantagens competitivas futuras.

A ligação entre os diversos níveis é chamada de arquitetura estratégica, deve manter a seguinte seqüência de raciocínio:
a) admitirmos conhecido o perfil competitivo,
b) admitimos que temos uma visão de futuro,
c) comparando (a) com (b) tem-se as mudanças a serem viabilizadas para garantir as vantagens competitivas no futuro,
d) os níveis corporativos e de negócio cuidam dessas mudanças.

*A Participação dos Empregados na Formação da Estratégia da Empresa*

Tendo aceito que estratégia é assunto para várias pessoas na empresa, e não exclusivo do presidente, surge o problema de como organizar essa participação para que ela seja disciplinada e produtiva. A existência dos três níveis distintos torna essa missão possível e deixa claro que ela é indispensável.

É importante a participação de todos as pessoas com as competências específicas necessárias. Os usos tão diferentes de uma nova vantagem competitiva mostram como podem ser diferenciadas as opiniões sobre o valor da nova vantagem competitiva.

A vantagem competitiva é um *remédio* muito forte. Por ser usada para estragar a empresa ou levá-la ao pleno sucesso. As vantagens competitivas tornam-se a base do pensamento estratégico. As demais técnicas de apoio a decisão, são consideradas dignas de respeito, porém deixadas em um segundo plano.

*O Valor de uma Vantagem Competitiva*

O valor da vantagem competitiva é complicado mas é irresistível e indispensável discuti-lo pelos valores altíssimos que freqüentemente apresenta. Na prática do planejamento estratégico moderno não temos notícia de nenhum caso de estimativa de valor de uma vantagem competitiva.

O que se tem é a preocupação de:

1 - Explorar melhor as vantagens competitivas e minimizar os efeitos das desvantagens competitivas.
2 - Mostrar que os estrategistas tem acertado mais em suas recomendações que os financeiros.
3 - Mostrar que vantagem do custo baixo em si não é vantagem competitiva, porque o consumidor não percebe o custo.

**O Perfil Competitivo:**

Perfil competitivo é o conjunto de notas da empresa para todos os fatores de competitividade.

**A Análise do Perfil Competitivo:**

Alguns fatores darão vantagem competitiva e outros, desvantagem competitiva.

A análise qualitativa do perfil competitivo é baseada na diferença de características dos fatores de competitividade. Existem várias formas de classificar os fatores para distinguir quais os promissores, os mais atrativos etc.

*Estratégia Corporativa e Estratégia de Negócios*

À estratégia corporativa e à estratégia de negócios, elas cuidam do futuro, o presente por conta da estratégia operacional.

A estratégia de negócios fica com as decisões relacionadas com o curto prazo que necessitam de informações frescas do ambiente externo. A estratégia corporativa fica com as decisões relacionadas com o longo prazo, questões que são mais pertinentes aos donos da empresa ou seus representantes.

*As posturas sobre o futuro*

A forma como os executivos encaram o futuro tem uma influência muito grande na estratégia da sua empresa. Podemos identificar quatro posturas, ou estilo, diferentes dos executivos em relação ao futuro.
1 - O estrategista que prefere fazer o futuro.
2 - O estrategista que prefere chegar ao futuro apenas um pouco antes de seus concorrentes.
3 - O estrategista que não pretende ser inovador mas quer ser o primeiro a copiar a inovação bem sucedida.
4 - O estrategista que não se importa com a corrida para inovar e prefere copiar as inovações só quando elas estiverem completamente testadas.

Não existe a alternativa de não mudar. Quem não muda nunca, um dia vai quebrar porque tudo em volta mudou.

*As Sub-Estratégias*

Para reduzir a complexidade da estratégia devemos dividi-la em sub-estratégia, tantas quantas forem necessárias, visando entender as partes para depois entender o todo.

A estratégia de nível corporativo e de negócios será a composição das sub-estratégias, como partes que se juntam para formar o todo.

De forma geral, podemos dizer que se existe em uma empresa uma sub-estratégia forte, ela dá característica diferenciada a essa empresa.

*Do Velho Planejamento Estratégico à Moderna Estratégia*

O Planejamento Estratégico já *passou o bastão*. Todas as pessoas bem informadas sabem disso. Foi substituída pela força jovem da moderna estratégia.

A moderna estratégia para atuar eficazmente, é necessário ter bem claro no que as idéias modernas diferem das velhas idéias sobre estratégia.

Tem-se que louvar o velho planejamento estratégico pôr ter iniciado a abertura de um enorme campo de trabalho para aprimoramento da gestão das empresas.

A transição do *velho* planejamento estratégico para a moderna estratégia não foi abrupta.

*Etapas da Moderna Estratégia*

1 - **Estratégias da empresa**: a estratégia é basicamente da alta administração, que a administração média cuida de táticas etc.

O posicionamento da moderna estratégia quanto a essa etapa 1 traz uma inversão. O que importa realmente é ter vantagem competitiva e isso é, na maior parte dos casos, conseguida nos níveis operacionais. Por isso a estratégia mais importante é a estratégia operacional feita freqüentemente com alta participação dos níveis médios e inferiores da administração. A alta administração domina as decisões das chamadas estratégias de negócios e corporativa.

Junto com essa inversão do papel dos estrategistas da empresa vem o fato de ser grande o número de pessoas que tomam decisões estratégicas. Os modernos estrategistas podem estar em qualquer nível da empresa.

2 - **Objetivo da Empresa**: nesta etapa identifica-se os objetivos e missões da empresa que eram considerados como logicamente indispensáveis para o processo de planejamento.

Modernamente não é dada qualquer atenção à fixação dos objetivos. Os objetivos da empresa não podem ser fixados unilateralmente. É inútil definir a missão e por decorrência também os objetivos.

3 - **Levantar as ameaças e oportunidades do ambiente externo:** nessa etapa concentra-se a atenção na obtenção de informações sobre o ambiente externo. Na estratégia moderna as atividades desta etapa continuam como extremamente importantes. A diferença é uma questão de ênfase em certos aspectos como:

1 - Agora dá-se muita ênfase aos fatos do momento, falando-se até em estratégia em termo real.

2 - A procura de oportunidades e ameaças é dirigida para o perfil competitivo.

**4 - Vantagens Competitivas Internas:** nessa etapa que pode ser simultânea com a anterior, são analisadas as condições internas da empresa. São identificados os pontos fortes e pontos fracos da empresa. Usa-se o termo vantagem competitiva com um significado diferente. Para os modernos estrategistas, os clientes e consumidores são os juizes do que pode ser vantagem competitiva.

**5 e 6 - Pensar em alternativas de Plano Estratégico, Escolher o Melhor Plano**: A preocupação do planejamento estratégico era obviamente fazer um plano. A preocupação da moderna estratégia é estar sempre ligado nos aspectos de estratégia e pensar em modificações sempre que parecer oportuno.

**7 - Alocação de recursos e Adaptação na Organização**: após ter decidido qual será o plano estratégico, esta etapa irá programar as atividades designando pessoas, ativos e capital para as ações do plano.

Os estrategistas tem agora novas formas de pensar sobre investimentos que incluem:

1 - se o projeto tem boa chance de criar uma vantagem competitiva;

2 - na competição com uma empresa líder, não é a capacidade absoluta de investir que determina o sucesso.

3 - os investimentos estratégicos devem ser analisados sob uma ótica ampla de competitividade em vez de uma análise mais restrita do tipo minimização de custos.

4 - um importante fator que distingue vencedores de perdedores é a *alavancagem de recursos*, isto é, o uso da criatividade para conseguir o máximo de expansão com os recursos disponíveis.

**8 - Políticas e Administração**: nesta etapa é feita a adaptação do estilo de administração ao plano estratégico definido pela alta administração.

**9 - Avaliação dos resultados e da Estratégia**: trata-se de verificar se serão atingido os objetivos e proceder as correções.

A moderna estratégia não dá qualquer relevância a atividade desta etapa.

*O que sobrou do Velho Planejamento Estratégico*

Foram salvas basicamente as ferramentas de análise.
Planejar é sempre um exercício de lógica. Estratégica por definição não é lógica pura, pois o resultado das decisões estratégicas sempre dependem das reações dos concorrentes. Assim o planejamento estratégico ou tem boa estratégia e mau planejamento, ou é forte no planejamento fraco em estratégia.

*Vantagem competitiva segundo Porter*

Segundo o professor Michael E. Porter,[19] a análise da evolução da indústria é muito importante para determinar a elaboração da estratégia (s) empresarial.

A estratégia é a ferramenta que a empresa precisa para conseguir vantagens competitivas sustentável a longo prazo.

Existem dois tipos básicos de vantagem competitiva: *liderança de custo* e *diferenciação*. Para conseguir essas vantagens competitivas nós contamos com as estratégias genéricas, que estão no âmago da vantagem competitiva.

As estratégias genéricas estão divididas em três: *liderança no custo*, *diferenciação* e *enfoque*.

Para obtenção e sustentação de uma vantagem competitiva é importante compreender e analisar a cadeia de valores da empresa.

A cadeia de valores de uma empresa é o modo como ela executa atividades individuais, é o reflexo de sua história, de sua estratégia.

A compreensão da cadeia de valores da empresa, bem como os elos existentes dentro dela é o caminho que a empresa precisa seguir para conseguir vantagens competitivas sustentável a longo prazo.

*Estratégia Competitiva: Os conceitos centrais*

A concorrência está no âmago do sucesso ou do fracasso das empresas. A estratégia competitiva é a busca de uma posi-

---
[19] Porter. Michael. (1989).

ção competitiva favorável em uma indústria. A estratégia competitiva visa a estabelecer uma posição lucrativa e sustentável contra as forças que determinam a concorrência na indústria.

Duas questões baseiam a escolha da estratégia competitiva: A *primeira* é a atratividade das indústrias em termos de rentabilidade a longo prazo e os fatores que determinam esta atratividade. A *segunda* em estratégia competitiva são os determinantes da posição competitiva relativa dentro de uma indústria.

Tanto a atratividade da indústria quanto a posição competitiva podem ser modeladas por uma empresa, o que torna a escolha da estratégia competitiva desafiante e excitante.

A vantagem competitiva surge fundamentalmente do valor que uma empresa consegue criar para seus compradores e que ultrapassa o custo de fabricação pela empresa. Existem dois tipos básicos de vantagem competitiva: *liderança de custo e diferenciação*.

*A análise estrutural de indústrias*

O primeiro determinante fundamental da rentabilidade de uma empresa é a atividade da indústria, as regras da concorrência estão englobadas em cinco forças competitivas: a entrada de novos concorrentes, a ameaça de substitutos, o poder de negociação dos compradores, o poder de negociação dos fornecedores e a rivalidade entre os concorrentes existentes.

As cinco forças determinam a rentabilidade da indústria porque influenciam os preços, os custos e o investimento necessário das empresas em uma indústria.

Se uma empresa pode modelar a estrutura, ela pode modificar fundamentalmente a atratividade de uma indústria para melhor ou para pior. Muitas estratégia de sucesso modificam as regras da concorrência desta forma.

A metodologia das cinco forças permite que uma empresa perceba a complexidade e aponte os fatores críticos para a concorrência em sua indústria, bem como permite que ela identifique as inovações estratégicas que melhorariam da melhor forma a rentabilidade da indústria, e a sua própria. A metodologia visa, a levantar as possibilidades da descoberta de uma inovação estratégica aconselhável. Estratégias que modificam a estrutura industrial pode destruir a estrutura e a rentabilidade da indústria com a mesma facilidade com que pode melhorá-las.

*Estrutura Industrial e Necessidades do Comprador*

Diz-se com freqüência que a satisfação das necessidades do comprador é a chave para o sucesso em um empreendimento comercial. A satisfação das necessidades do comprador é, com efeito, um pré-requisito para a viabilidade de uma indústria e das empresas dentro dela. Os compradores precisam estar dispostos a pagar um preço por um produto acima de seu custo de produção, ou uma indústria não sobreviverá a longo prazo. A questão crucial na determinação da rentabilidade é se as empresas podem captar o valor por elas criado para os compradores.

A estrutura industrial determina, então, quem mantém a proporção do valor criado por um produto para os compradores.

*Estrutura Industrial e o Equilíbrio entre a Oferta e a Procura*

Uma visão comumente defendida sobre rentabilidade industrial é que os lucros constituem uma função de equilíbrio entre a oferta e a procura. Se a procura for maior que a oferta, isto resulta em alta rentabilidade. Contudo este equilíbrio a longo prazo sofre uma forte influência da estrutura industrial, da mesma forma que as conseqüências de um desequilíbrio entre a oferta e a procura para a rentabilidade, muito embora as flutuações a curto prazo na oferta e na procura possam afetar a rentabilidade a curto prazo, a estrutura industrial é a base da rentabilidade a longo prazo.

As conseqüências de um desequilíbrio entre a oferta e a procura para a rentabilidade da indústria também difere muito; dependendo da estrutura industrial.

*Estratégias Competitivas Genéricas*

A segunda questão central em estratégia competitiva é a posição relativa de uma empresa dentro de sua indústria.

A base fundamental do desempenho acima da média a longo prazo é a vantagem competitiva sustentável. A importância de qualquer ponto forte ou ponto fraco que uma empresa possuí é, em última instância uma função de seu impacto sobre o custo relativo ou a diferenciação. A vantagem de custo e a diferenciação, por sua vez, originam-se da estrutura industrial.

Os dois tipos básicos de vantagem competitiva combinados com o escopo de atividades para quais uma empresa procura obtê-los levam a três estratégia genéricas para alcançar o desempenho acima da média em uma indústria: liderança de custo, diferenciação e enfoque.

A noção que fundamenta o conceito de estratégias genéricas é que a vantagem competitiva está no âmago de qualquer estratégia, e para obtê-la é preciso que uma empresa faça uma escolha - se uma empresa deseja obter uma vantagem competitiva, ela deve fazer uma escolha sobre o tipo de vantagem competitiva que busca obter e sobre o escopo dentro do qual irá alcançá-la.

*Liderança no Custo*

A liderança no custo é talvez a mais clara das três estratégias genéricas. Nela, uma empresa parte para tornar-se o produtor de baixo custo em sua indústria. A empresa tem um escopo amplo e atende a muitos segmentos industriais, podendo até mesmo operar em indústria correlatas. Fontes de vantagem de custo variam e dependem da estrutura da indústria. Elas podem incluir a busca de economias de escala, tecnologia patenteada, acesso preferencial a matérias-primas e outros fatores. Um produtor de baixo custo deve descobrir e explorar todas as fontes de vantagem de custo.

Se uma empresa pode alcançar e sustentar a liderança no custo total, então ela será um competidor acima da média em sua indústria. A posição de baixo custo de um líder no custo traduz-se em retornos mais altos.

Um líder no custo deve obter paridade ou proximidade com base na diferenciação relativa a seus concorrentes para ser um competidor acima da média, muito embora conte com a liderança no custo para sua vantagem competitiva.

A liderança no custo é uma estratégia que depende sobretudo de preempeção, a não ser que uma grande mudança tecnológica permita que uma empresa modifique radicalmente sua posição de custo.

*Diferenciação*

A segunda estratégia genérica é a diferenciação. Neste tipo de estratégia, uma empresa procura ser única em sua indústria, ao longo de algumas dimensões amplamente valorizadas pelos compradores. Ela seleciona um ou mais atributos, que muitos compradores numa indústria consideram importantes.

A lógica da estratégia da diferenciação exige que uma empresa escolha atributos em que diferenciar-se, que sejam diferentes de seus rivais.

*Enfoque*

A terceira estratégia genérica é o enfoque. Esta estratégia é bem diferente das outras, porque está baseada na escolha de um ambiente competitivo estreito dentro de uma indústria.

A estratégia de enfoque tem duas variantes. No *enfoque no custo*, uma empresa procura uma vantagem de custo em seu segundo alvo, emquanto no *enfoque da diferenciação* uma empresa busca a diferenciação em seu segmento-alvo. Ambas variantes da estratégia de enfoque baseiam-se em diferenças entre os segmentos alvo de um enfocador e outros segmentos na indústria.

Se uma empresa pode alcançar liderança no custo sustentável ou na diferenciação em seu segmento e se o segmento for estruturalmente atrativo, então o enfocador será um competidor acima da média em sua indústria.

*O Meio-Termo*

Uma empresa que se engaja em cada estratégia genérica mas não alcança nenhuma delas está no *meio-termo*. Ela não possui qualquer vantagem competitiva. Esta posição estratégica geralmente é uma receita para desempenho abaixo da média. Uma empresa no meio-termo irá competir em desvantagem porque o líder no custo, diferenciadores ou enfocadores estarão bem mais posicionados para competirem em qualquer segmento.

Uma empresa que está no meio-termo só terá lucros atrativos se a estrutura de sua indústria for altamente favorável, ou se a empresa tiver a sorte de ter concorrentes que também estejam no meio-termo. A maturidade da indústria tende a ampliar as diferenças quanto ao desempenho entre empresas com uma estratégia genérica e aquelas no meio-termo, porque ela expõe estratégias mal-elaboradas arrastadas pelo rápido crescimento.

Ficar no meio-termo é normalmente manifestação da relutância de uma empresa em *fazer escolhas* sobre como competir

*Busca de mais de uma Estratégia Genérica*

Cada estratégia genérica é um método fundamentalmente diferente para a criação e a sustentação de uma vantagem competitiva, combinando o tipo de vantagem competitiva que uma empresa busca com o escopo de seu alvo estratégico. Os benefícios da otimização da estratégia da empresa para um segmento-alvo particular não podem ser obtidos, se ela estiver atendendo simultaneamente uma grande variedade de segmentos. Algumas vezes, uma empresa pode ter condições de criar duas unidades empresariais bastante independentes dentro da mesma entidade corporativa, cada qual com uma estratégia genérica diferente.

Conseguir liderança no custo e diferenciação também é em geral inconsistente, pois a diferenciação é quase sempre dispendiosa. Quando se enfrenta uma concorrência também lutando pela liderança no custo, uma empresa chegará em última instância ao ponto em que uma maior redução dos custos exige sacrifício na diferenciação. É neste ponto que as estratégias genéricas tornam-se inconsistentes, e a empresa precisa fazer uma opção.

Se uma empresa consegue obter a liderança no custo e a diferenciação simultaneamente, as recompensas são grandes porque os benefícios são aditivos.

Existem três condições sob as quais uma empresa pode conseguir simultaneamente liderança no custo e na diferenciação:

*Concorrentes estão no meio-termo.* quando os concorrentes estão no meio-termo, ninguém está bem posicionado para forçar uma empresa para o ponto em que o custo e a diferenciação se tornam inconsistentes.

*O custo é intensamente afetado pela parcela ou inter-relações.* A liderança no custo e a diferenciação também podem ser alcançadas simultaneamente quando a posição do custo é determinada em grande parte pela parcela de mercado, e não pelo projeto do produto, pelo nível de tecnologia, pelo serviço oferecido, ou por outros fatores.

*Uma empresa é pioneira em uma importante inovação.* A introdução de uma inovação tecnológica importante pode permitir que uma empresa reduza o custo e intensifique a diferenciação simultaneamente, e talvez alcance ambas estratégias.

A possibilidade de ser diferenciada e ter baixo custo é, contudo, uma função de ser a única empresa com a recente inovação.

Uma empresa deve sempre buscar agressivamente todas as oportunidades de redução de custo que não sacrifiquem a diferenciação. Uma empresa deve sempre buscar todas as oportunidades de diferenciação que não sejam dispendiosas.

## Sustentabilidade

Uma estratégia genérica não leva a um desempenho acima da média, a menos que seja sustentável frente aos concorrentes. A sustentabilidade das três estratégias genéricas exige que a vantagem competitiva de uma empresa resista a erosão pelo comportamento da concorrência ou pela evolução da indústria.

A sustentabilidade de uma estratégia genérica exige que uma empresa possua algumas barreiras que dificultem a imitação da estratégia. Em algumas indústrias, a estrutura industrial ou as estratégia da concorrência eliminam a possibilidade de obtenção de uma ou mais das estratégias genéricas.

O conceito de estratégias genéricas está baseada na premissa de que há uma série de maneiras como a vantagem competitiva pode ser alcançada, dependendo da estrutura industrial.

*Estratégias Genéricas e Evolução da Indústria*

Mudanças na estrutura industrial podem afetar as bases sobre as quais as estratégias são construídas e, assim, alterar o equilíbrio entre elas.

*Estratégias Genéricas e Estrutura Organizacional*

Cada estratégia genérica implica qualificações e exigências diferentes para o sucesso, que comumente se traduzem em diferenças na cultura e na estrutura organizacionais. Em geral a liderança no custo implica sistemas de controle rígidos, minimização das despesas indiretas, busca de economias de escala e dedicação à curva de aprendizagem; estes fatores poderiam ser contraproducentes para uma empresa que está procurando diferenciar-se por meio de um curso constante de novos produtos criativos.

O conceito de estratégias genéricas também tem implicações para o papel da cultura no sucesso competitivo. A cultura, que dificulta a definição do conjunto de normas e atitudes que ajudam a modelar a organização, passou a ser considerada um elemento importante de uma empresa de sucesso.

A cultura é um meio para alcançar uma vantagem competitiva, e não um fim em si mesmo.

*Estratégias Genéricas e o Processo de Planejamento Estratégico*

Dado o papel fundamental da vantagem competitiva no desempenho superior, a peça central do plano estratégico de uma empresa deveria ser sua estratégia genérica. A estratégia genérica especifica o método fundamental para a vantagem competitiva que uma empresa está buscando, e fornece o contexto para a tomada de ações em cada área funcional.

A estratégia de uma unidade empresarial, é o caminho para a vantagem competitiva que determinará seu desempenho. Construir, manter e colher são os resultados de uma estratégia genérica, ou o reconhecimento da incapacidade de conseguir qualquer estratégia genérica, e, portanto, da necessidade de colher.

Uma outra prática comum no planejamento estratégico é utilizar a parcela de mercado para descrever a posição competitiva de uma unidade empresarial.

Em algumas indústrias, os líderes do mercado não desfrutam do melhor desempenho porque a estrutura industrial não recompensa a liderança.

### 4.7 A Cadeia de Valores e a Vantagem Competitiva

A vantagem competitiva não pode ser compreendida observando-se a empresa como um todo. Ela tem sua origem nas inúmeras atividades distintas que uma empresa executa no projeto, na produção, no marketing, na entrega e no suporte de seu produto.

A cadeia de valores de uma empresa encaixa-se em uma corrente maior de atividades que denomino o *sistema de valores*. A base final para a diferenciação é o papel de uma empresa e de seu produto na cadeia de valores do comprador, que determina as necessidades deste. A obtenção e a sustentação de uma vantagem competitiva dependem da compreensão não só da cadeia de valores de uma empresa mas também do modo como a empresa se enquadra no sistema de valores geral.

As cadeias de valores de empresas em uma indústria diferem, refletindo suas histórias, estratégias e sucesso na implementação. Uma diferença importante é que a cadeia de valores de uma empresa pode divergir em *escopo competitivo* da cadeia de seus concorrentes, representando uma fonte em potencial de vantagem competitiva.

### 4.7.1 A Cadeia de Valores

Toda empresa é uma reunião de atividades que são executadas para projetar, produzir, comercializar, entregar e sustentar seu produto. A cadeia de valores de uma empresa e o modo como ela executa atividades individuais são um reflexo de sua história, de sua estratégia, de seu método de implementação de sua estratégia, e da economia básica das próprias atividades.

O nível relevante para a construção de uma cadeia de valores são as atividades de uma empresa em uma indústria particular (a unidade empresarial).

Em termos competitivos, valor é o montante que os compradores estão dispostos a pagar pôr aquilo que uma empresa lhes fornece. O valor é medido pela receita total, reflexo do preço que o produto de uma empresa impõe e as unidades que ela pode vender.

A cadeia de valores exibe o valor total, e consiste em *margem e atividades de valor*. As atividades de valor são as atividades física e tecnologicamente distintas, através das quais uma empresa cria um produto valioso para os seus compradores.

Cada atividade de valor emprega insumos adquiridos, recursos humanos e, alguma forma de tecnologia para executar sua função.

Atividades de valor podem ser divididas em dois tipos *gerais: atividades primárias e atividades de apoio*. As *atividades primárias:* são as atividades envolvidas na criação física do produto e sua venda e transferência para o comprador. As *atividades de apoio* sustentam as atividades primárias e a sí mesmas, fornecendo insumos adquiridos, tecnologia, recursos humanos e várias funções ao âmbito da empresa.

As atividades de valor são, portanto, os blocos de construção distintos da vantagem competitiva. Uma análise da cadeia de valores, e não o valor adicionado, é a maneira apropriada de examinarmos a vantagem competitiva.

*Identificação das Atividades de Valor*

A identificação das atividades de valor exige o isolamento de atividades tecnológica e estrategicamente distintas.

**Atividades primárias**

Existem cinco categorias genéricas de atividades primárias:

1 - *Logística Interna*.
2 - Operações.
3 - Logística externa.

4 - Marketing e vendas.
5 - Serviço.

Cada categoria pode ser vital para a vantagem competitiva, dependendo da indústria.

## ATIVIDADES DE APOIO

Atividades de valor de apoio envolvidas na concorrência em qualquer indústria podem ser divididas em quatro categorias genéricas.
1 - Aquisição.
2 - Desenvolvimento de Tecnologia.
3 - Gerência de recursos humanos.
*4 - Infra-estrutura da empresa*

## TIPOS DE ATIVIDADES

Dentro de cada categoria de atividades primárias e de apoio, existem três tipos de atividades que desempenham um papel diferente na vantagem competitiva:

**Direta**. Atividades diretamente envolvidas na criação de valor para o comprador.

**Indireta**. Atividades que tornam possível a execução de atividades diretas em uma base contínua.

**Garantia de qualidade**. Atividades que garantem a qualidade de outras atividades.

Toda empresa tem atividades de valor diretas, indiretas e de garantia de qualidade. Todos os três tipos estão presentes, não só entre atividades primárias, mas também entre atividades de apoio.

*Definição de cadeia de Valores*

Para diagnosticar a vantagem competitiva, é necessário definir a cadeia de valores de uma empresa para competir em uma indústria particular. Começando com a cadeia genérica, atividades de valor individuais são identificadas na empresa particular. Cada categoria genérica pode ser dividida em atividades distintas.

Tudo aquilo que uma empresa faz deveria ser classificado em uma atividade primária ou de apoio.

*Elos dentro da Cadeia de Valores*

A cadeia de valores não é uma coleção de atividades independentes, e sim um sistema de atividades interdependentes. As atividades de valor estão relacionadas por meio de elos dentro da cadeia de valores. Estes elos são relações entre o modo como uma atividade de valor é executada e o custo ou desempenho de uma outra.

Elos podem resultar em vantagem competitiva de duas formas: otimização e coordenação. Os elos também podem refletir a necessidade de coordenar atividades.

Os elos são numerosos, e alguns são comuns a várias empresas. Os elos mais óbvios são aqueles entre atividades de apoio e atividades primárias representados pelas linhas tracejadas na cadeia de valores genérica.

Elos entre atividades de valor surgem de uma série de causas genéricas, dentre elas as seguintes:
- a mesma função pode ser desempenhada de formas diferentes;
- o custo ou desempenho de atividades diretas é melhorado através de maiores esforços em atividades indiretas;
- atividades executadas dentro de uma empresa reduzem a necessidade de demonstrar, explicar ou prestar assistência técnica a um produto no tempo;
- Funções de garantia de qualidade podem ser desempenhadas de formas diferentes.

Embora os elos dentro da cadeia de valores sejam cruciais para a vantagem competitiva, eles normalmente são sutis e passam despercebidos. A identificação dos elos é um processo de busca das formas pelas quais cada atividade afeta ou é afetada por outras.

Administrar elos é, assim, uma tarefa organizacional mais complexa do que administrar as próprias atividades de valor. Dada a dificuldade de reconhecer e administrar elos, a habilidade para fazer isto freqüentemente produz uma fonte sustentável de vantagem competitiva.

*Elos Verticais*

Os elos existem não só dentro da cadeia de valores de uma empresa, mas também entre a cadeia de uma empresa e as cadeias de valores dos fornecedores e dos canais. Estes elos, denominados verticais, são similares aos elos dentro da cadeia de valores - o modo como as atividades do fornecedor ou do canal são executadas afeta o custo ou o desempenho das atividades de uma empresa.

Os elos entre as cadeias de valores dos fornecedores e a cadeia de valores de uma empresa propiciam oportunidades para a empresa intensificar sua vantagem competitiva.

Os elos do canal são similares aos elos do fornecedor. Os canais possuem cadeias de valores pelas quais o produto de uma empresa passa. A margem de lucro sobre o preço de venda de uma empresa.

Os elos verticais, como os elos dentro de uma cadeia de valores de uma empresa, são freqüentemente negligenciados.

*A Cadeia de Valores do Comprador*

Os compradores também possuem cadeias de valores, e o produto de uma empresa representa um insumo comprado para a cadeia do comprador.

A origem da diferenciação de uma empresa está na forma como sua cadeia de valores está relacionada à cadeia de seu comprador. O valor é criado quando uma empresa cria vantagem competitiva para seu comprador - reduz o custo de seu comprador ou eleva-lhe o desempenho. O valor criado para o comprador deve ser, contudo, percebido pôr ele para que seja recompensado com um preço-prêmio.

*Escopo Competitivo e a Cadeia de Valores*

O escopo competitivo pode ter um efeito poderoso sobre a vantagem competitiva, pois traça a configuração e a economia da cadeia de valores. Existem quatro dimensões do escopo que afeta a cadeia de valores.

- *Escopo do segmento;*

- Escopo vertical;
- Escopo geográfico;
- *Escopo da indústria.*

Um escopo amplo pode permitir que uma empresa explore os benefícios da execução interna de um maior número de atividades. Ele também pode permitir que a empresa explore inter-relações entre as cadeias de valores que atendem diferentes segmentos, áreas geográficas ou indústrias afins.

A amplidão ou a estreiteza do escopo é claramente relativa aos concorrentes. Em algumas indústrias, um escopo amplo envolve apenas o atendimento a todos os segmentos de compradores e de produtos dentro da indústria. Uma empresa pode criar vantagem competitiva, ajustando sua cadeia de valores a um segmento de produtos e explorando inter-relações geográficas atendendo este segmento a nível mundial.

*Escopo do Segmento*

Diferenças nas necessidades ou nas cadeias de valores necessárias para entender diferentes segmentos de produtos ou compradores podem resultar em uma vantagem competitiva do enfoque.

Da mesma forma que diferenças entre segmentos favorecem um escopo estreito, as inter-relações entre as cadeias de valores atendendo diferentes segmentos favorecem um escopo amplo.

*Escopo Vertical*

A integração vertical define a divisão de atividades entre uma empresa e seus fornecedores, canais e compradores. A cadeia de valores permite que uma empresa identifique com mais nitidez o benefícios em potencial da integração, apontando o papel dos elos verticais.

*Escopo Geográfico*

O escopo geográfico pode permitir que uma empresa compartilhe ou coordene atividades de valor empregadas para atender diferentes áreas geográficas.

Inter-relações geográficas podem intensificar a vantagem competitiva se o compartilhamento ou a coordenação de atividades de valor reduzir o custo ou acentuar a diferenciação.

*Escopo da Indústria*

Inter-relações em potencial entre as cadeias de valores necessárias para competir em indústrias relacionadas são comuns. Elas podem envolver qualquer atividade de valor inclusive atividades primárias. Inter-relações entre unidades empresariais são similares em conceito a inter-relações geográficas entre cadeias de valores.

*Coalizões e Escopo*

Uma empresa pode buscar os benefícios de um escopo mais amplo internamente, ou firmar coalizões com empresas independentes para alcançar alguns ou todos os benefícios. As coalizões são acordos a longo prazo entre empresas que exploram transações de mercado normais, mas que não chegam a ser fusões totais.

Existem dois tipos básicos de coalizões: *coalizões verticais e coalizões horizontais*. As coalizões são também um meio de se obter as vantagens de custo ou de diferenciação dos elos verticais, sem uma verdadeira integração, mas superando as dificuldades da coordenação entre empresas puramente independentes.

Sócios das coalizões permanecem como empresas independentes, e existe a questão de como os benefícios de uma coalizão devem ser divididos.

*Escopo Competitivo e Definição de Empresa*

A relação entre escopo competitivo e a cadeia de valores fornece a base para a definição dos limites relevantes das unidades empresariais. Unidades empresariais estrategicamente distintas são isoladas, pesando-se os benefícios da integração e da desintegração e comparando-se a força das inter-relações no atendimento a segmentos relacionados, áreas geográficas ou indústrias às diferenças nas cadeias de valores mais adequadas para atendê-los individualmente. Se as diferenças em áreas geográficas ou em segmentos de compradores e produtos exigem cadeias de valores muito distintas, então segmentos definem unidades empresariais. Grandes vantagens para a integração vertical ampliam os limites de uma unidade empresarial a fim de abranger atividades *corrente a cima* ou *corrente a baixo,* quando vantagens pequenas implicam que cada estágio é uma unidade empresarial distinta. Inter-relações fortes entre uma unidade empresarial e uma outra pode implicar que elas devem fundir-se em uma. Unidades empresariais apropriadas podem ser definidas, então, através de uma compreensão da cadeia de valores ótima para competir em arenas diferentes e o modo como as cadeias estão relacionadas.

*A Cadeia de Valores e a Estrutura Industrial*

A estrutura industrial modela a cadeia de valores de uma empresa, sendo um reflexo das cadeias de valores coletivas dos concorrentes. A estrutura determina as relações de negociação com compradores e fornecedores que se refletem na configuração de valores de uma empresa e no modo como as margens são divididas com compradores, fornecedores e sócios de coalizões.

*A Cadeia de Valores e a Estrutura Organizacional*

A cadeia de valores é um instrumento básico para diagnosticar a vantagem competitiva e descobrir maneiras de criá-la e sustentá-la. No entanto, a cadeia de valores também pode desempenhar um papel valioso no projeto da estrutura organizacional. A estrutura organizacional agrupa certas atividades sob unidades organizacionais. A lógica destes agrupamentos é que as atividades têm similaridade que deveriam ser exploradas reunindo-as em um departamento; ao mesmo tempo, departamentos são separados de outros grupos de atividades devido às suas diferenças.

A cadeia de valores oferece uma forma sistemática de dividir uma empresa em suas atividades distintas, podendo, assim, ser utilizada para examinar como as atividades em uma empresa, e como poderiam ser agrupadas.

A necessidade de integração entre unidades organizacionais é uma manifestação de elos. Normalmente existem muitos elos dentro da cadeia de valores, e a estrutura organizacional não fornece mecanismos para coordená-los ou otimizá-los. Elos verticais quase sempre não são levados bem em conta na estrutura organizacional.

Uma estrutura organizacional que corresponde à cadeia de valores irá melhorar a habilidade de uma empresa para criar e sustentar uma vantagem competitiva.

### 4.8 Orçamentos

Na elaboração do orçamento é necessário um conjunto de informações dos diversos setores da empresa, ou seja, é uma tarefa que envolve toda a organização. Cada área será responsável por alcançar determinadas metas, que deverão estar harmonizadas com as metas da organização como um todo, definidas no planejamento estratégico e operacional da empresa. O orçamento é o instrumento que permite acompanhar o desempenho da empresa e assegurar que os desvios do plano sejam analisados e controlados.

Segundo define Zdanowicz (1993, p. 16), "orçamento é o instrumento de gestão necessário para qualquer empresa, independentemente de seu porte ou tipo de atividade econômica".

Por sua vez, Horngren (1965, p. 117) afirma que, "um orçamento é uma expressão quantitativa formal de planos de administração. O orçamento geral resume os objetivos de todas as subunidades de uma organização. Quantifica metas para vendas, produção, lucro líquido e posição de caixa e para qualquer outro objetivo especificado pela administração".

O orçamento é definido por Welsch (1990, p. 21) como o enfoque sistemático e formal à execução das responsabilidades de planejamento, coordenação e controle da administração.

Sobanski (1994, p. 15,16) afirma que:
"O orçamento empresarial decorre da estratégia da empresa e elucida, com maior grau de detalhe, os números e valores correspondente aos dois instrumentos: orçamento estratégico; relação de projetos. Através de um conjunto ordenado de quadros relativos a certas datas ou intervalos futuros de tempo que integram e combinam os dados de vendas, produção, compras, estoques, custos, despesas etc. ".

O orçamento é a expressão quantitativa e formal dos planos da administração, e é utilizado no sentido de apoiar a coordenação e implantação destes planos. O orçamento é o mecanismo elaborado pela empresa a partir do planejamento operacional. Elaborar orçamento é atribuir e alocar os valores financeiros correspondentes à consecução das metas e ao desempenho operacional das ações setoriais.

Na fase de execução do planejamento operacional é de fundamental importância o controle visando acompanhar o desenvolvimento do que foi planejado.

Segundo Anthony (1964, p. 4), "controle é o processo pelo qual a administração assegura-se, o máximo possível, de que a organização faz o que está de acordo com os seus planos e normas. A informação contábil é útil ao controle como meio de *comunicação, motivação e avaliação.*

Como meio de *comunicação*, os relatórios contábeis podem auxiliar na divulgação sobre os planos e normas da organização e, em geral, os tipos de ação que a administração deseja que a organização tome".

Anthony (1964, p. 4), cita que, "periodicamente, a administração precisa avaliar como os empregados estão desempenhando suas funções. Como uma avaliação de desempenho, pode resultar em aumento de salário, promoção, redirecionamento, ações corretivas de diversos tipos, ou, em casos extremos, demissão. A informação contábil pode auxiliar no processo de avaliação e controle".

Em se tratando de controle, Marion (1996, p. 140) afirma que, "o controle pode ser definido como: o processo pelo qual a organização planeja, executa e controla os planos políticos da gestão. O controle deve atuar ex-ante, simultaneamente e ex-post, às ações ou eventos e aos níveis estratégico, tático e operacional".

De acordo com Sobanski (1994, p. 16) "o controle identificará áreas problemáticas da empresa e a capacidade de seus dirigentes e supervisores. Através do controle orçamentário, a qualquer momento na empresa se possa responder às perguntas: como estamos indo? Estamos indo bem ou mal? Em que vamos bem e em que vamos mal?".

O controle na execução do orçamento é tão importante quanto a elaboração, já que é esse que dará as informações aos gestores se a organização está atingindo os objetivo definidos ou não, possibilitando medidas corretivas, tanto na elaboração, quanto na execução do orçamento.

### 4.8.1 Função do orçamento

Os orçamentos são peças importantes na administração empresarial, pois é através do orçamento que os gestores recebem o feedback a cerca dos prováveis efeitos dos planos estratégicos, e estes, em seguida utilizam esse feedback na revisão do seu planejamento.

As empresas bem administradas, segundo Horngren[20] geralmente apresentam o seguinte ciclo orçamentário:

1 - Planejamento do desempenho da organização como um todo, assim como das respectivas subunidades. Todos os gestores concordam com o que é esperado deles.
2 - Estabelecimento de um parâmetro de referencia, isto é, um conjunto de expectativas específicas com relação às quais os resultados reais possam ser comparados.
3 - Análise das variações dos planos, seguida, se necessário, das respectivas ações corretivas.
4 - Replanejamento, levando em consideração o *feedback* e a mudança das condições.

O orçamento geral reúne todas as projeções financeiras dos orçamentos individuais de cada unidade da organização num

---
[20] Horngren, Foster, Datar (1997, p. 125).

único conjunto de orçamentos para um determinado período, abrangendo o impacto tanto das decisões operacionais quanto das financeiras, ou resumindo o conjunto de orçamentos pode ser tratado também como planejamento operacional.

### 4.8.2 Vantagens dos Orçamentos

Os orçamentos são as partes principais da maioria dos sistemas de controle gerencial. Administrados de forma inteligente, os orçamentos (1) impelem ao planejamento, incluindo a implementação de planos, (2) fornecem critérios de desempenho e (3) promovem a comunicação e coordenação dentro da organização.

*Estratégia e planos*

O orçamento é mais útil quando elaborado como parte integrante da análise estratégica de uma organização. A análise estratégica estuda como uma organização pode combinar melhor suas próprias capacidades com as oportunidades de mercado, com vistas a alcançar seus objetivos gerais.

*Figura – Análise estratégica na formulação de orçamentos de longo e curto prazos*

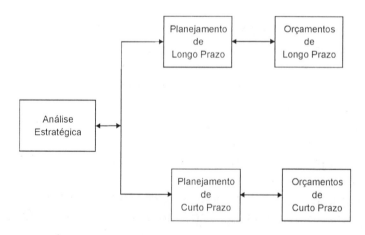

Fonte: Horngren, Foster, Datar (1997, p. 126)

*Coordenação e Comunicação*

A coordenação é o entrosamento e o balanceamento de todos os fatores de produção ou serviços de todos os departamentos e unidades de negócio, de modo que a companhia possa atingir seus objetivos. Comunicação é tornar esses objetivos compreendidos e aceitos por todos.

Para que essa coordenação seja bem-sucedida, a comunicação é essencial. O gerente de produção deve conhecer o plano de vendas, o de compras deve conhecer o de produção, ou seja, o orçamento deve ser conhecido por todos os componentes da administração dos setores da empresa.

*Apoio gerencial e Administração*

Os orçamentos auxiliam os gerentes, mas também necessitam de auxílio. A administração de topo tem a responsabilidade definitiva pelos orçamentos da organização por ela dirigida. *A administração em todos os níveis, contudo, deve compreender e dar suporte ao orçamento e a todos os aspectos do sistema de controle gerencial.*

O orçamento é um parâmetro que serve de apoio as decisões gerenciais, ele serve de instrumento que direciona as atividades no sentido dos objetivos desejados pela alta direção.

*Figura – Etapas do Orçamento*

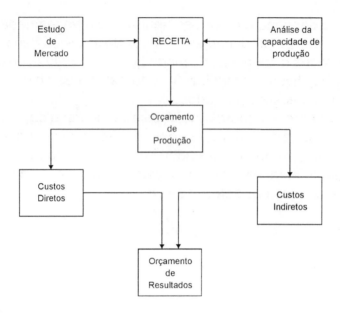

### 4.8.3 Orçamento Kaizen

O orçamento Kaizen é um tratamento orçamentário que explicitamente introduz o melhoramento contínuo dos números orçados durante o período orçamentário. A definição de orçamento kaizen foi introduzida pelos Japoneses.

O orçamento kaizen nada mais é do que um plano de melhora dos resultados orçamentários continuo, ou seja, a busca constante de melhora nos resultados definidos nos orçamentos da entidade.

Quando a empresa implanta um programa de qualidade total visando uma melhora do sistema, ela está aplicando medidas no sentido do orçamento Kaizen.

### 4.9 Planejamento Financeiro

Segundo Gitman (1997) "o planejamento financeiro é um aspecto importante para o funcionamento e sustentação da empresa, pois fornece roteiros para dirigir, coordenar e controlar suas ações na consecução de seus objetivos".

Na definição de fluxo de caixa Ross, Westerfield e Jordam afirmam (2000), " por fluxo de caixa, queremos simplesmente dizer a diferença entre a quantidade de dólares que entrou no caixa e a quantidade de dolares que saiu".

Entende-se por fluxo de caixa o demonstrativo que apresentas as entradas e saídas de recursos (numerários) na empresa em um determinado período.

Não existe nenhuma demonstração financeira padronizada que apresente essa informação da maneira que desejamos, cada profissional adapta um modelo demonstrativo que atenda as necessidades, considerando as características da empresa.

### 4.9.1 Planos financeiros a longo prazo (estratégicos)

Os planos financeiros (estratégicos) a longo prazo são ações planejadas para um futuro distante, acompanhados das previsões de seus reflexos financeiros. Tais planos tendem a cobrir períodos de dois a dez anos.

Planos financeiros a longo prazo são parte de um plano estratégico integrado que, em conjunto com os planos de produção, *marketing* e outros, utilizam-se de uma série de premissas e objetivos para orientar a empresa a alcançar seus objetivos estratégicos.

### 4.9.2 Planos financeiros a curto prazo (operacionais)

Os planos financeiros (operacionais) a curto prazo são ações planejadas para um período curto (de um a dois anos) acompanhados da previsão de seus reflexos financeiros. Os principais insumos incluem a previsão de vendas e várias formas de dados operacionais e financeiros; os resultados mais importantes incluem inúmeros orçamentos operacionais, o orçamento de caixa e demonstrações financeiras projetadas.

A partir das previsões de vendas são desenvolvidos planos de produção que consideram tanto o tempo necessário para converter a matéria-prima em produto acabado *(lead time)*, como os tipos e quantidades de matérias-primas exigidos.

Destacam-se como os principais produtos do processo de planejamento a curto prazo:
a) o orçamento de caixa;
b) a demonstração de resultado;
c) o balanço patrimonial projetado.

Com a intenção de visualizar melhor o planejamento financeiro operacional (a curto prazo), apresenta-se a figura a baixo:

*Figura – Planejamento financeiro a curto prazo*

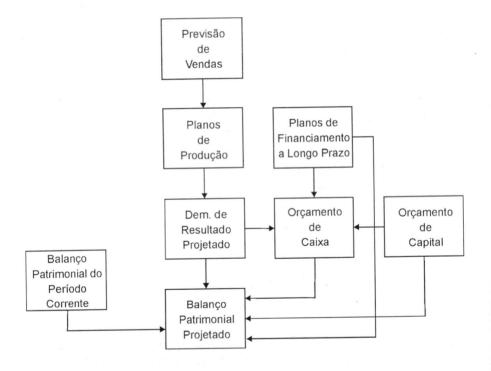

\* = resultado de análise

Fonte: Gitman (1997).

O ponto de partida do planejamento financeiro a curto prazo, inicia-se com a previsão de vendas e esse previsão depende inicialmente do estudo de mercado que mostra o potencial mercadológico, apresentamos um modelo de pesquisa no item 5.8.1 desse trabalho.

Após o plano de vendas definido é possível calcular a receita da empresa e sabendo-se a receita, elabora-se os planos de produção.

Definido os planos de produção e a receita projetada é possível elaborar o demonstrativo de resultados projetado e em seguida elabora-se o orçamento de caixa operacional ou fluxo de caixa operacional.

E - *Fluxo de caixa*

Em se tratando de fluxo de caixa Matarazzo (1998), afirma que: "...para analisar o fluxo de caixa de uma empresa é preciso saber distinguir uma simples gestão de caixa de uma boa gestão de caixa. Em ambas deve ocorrer o esperado equilíbrio entre as entradas e as saídas de caixa. Porém, há inúmeros caminhos para se conseguir esse equilíbrio, cada um com uma causa e conseqüência.
Mesmo entre administradores experientes há dificuldades em analisar e avaliar o fluxo de caixa e freqüentemente cometem erros que acabam por comprometer a saúde da empresa.
O fluxo de caixa de uma empresa não depende exclusivamente do administrador financeiro, pois decorre de múltiplas decisões (de diferentes áreas), como nível de estocagem, prazos concedidos aos clientes, prazos obtidos dos fornecedores, expansão, estabilização ou redução do nível de atividades, investimentos no ativo permanente, bem como as possibilidades de aporte de capital."

O fluxo de caixa operacional representa os recursos financeiros produzidos pelos ativos operacionais, ou seja, diretamente vinculados às atividades principais da empresa.

Constitui-se como medida dos recursos financeiros, decorrentes das atividades operacionais.

A maneira de se calcular o fluxo de caixa operacional é a seguinte:

Fluxo de caixa operacional = Lucro líquido + depreciação + provisão para imposto de renda + contribuição social.

Para encontrar o lucro líquido, devemos utilizar a seguinte fórmula:

Lucro operacional + resultado não operacional (receita - despesa) - provisão para imposto de renda (%) - contribuição social (%).

*Modelo de Fluxo de Caixa*

Empresa: X& x ltda

Período 01-07-01 a 31-07-01

| Data | Discriminação | Entradas | Saídas |
|---|---|---|---|
| 01-07 | Vendas de mercadorias a vista | 0-0 | |
| 01-07 | Pagamento da duplicata y | | 0-0 |
| 01-07 | Recebimento da duplicata z | 0-0 | |
| 01-07 | Pagamento de despesas diversas | | 0-0 |
| 02-07 | Vendas de mercadorias a vista | 0-0 | |
| 02-07 | Pagamento de duplicatas | | 0-0 |
| | | | |
| 05-07 | Vendas de mercadorias a vista | 0-0 | |
| 05-07 | Pagamento de salários | | 0-0 |
| 05-07 | Pagamento ref. Compra de mercador. | | 0-0 |
| 05-07 | Pagamento de despesas diversas | | 0-0 |
| 05-07 | Recebimento ref. duplicatas | 0-0 | |
| | | | |
| 25-07 | Pagamento vale aos funcionários | | 0-0 |
| | | | |
| 30-07 | Compra de mercadorias a vista | | 0-0 |
| 30-07 | Recebimento ref. vendas a vista | 0-0 | |
| 30-07 | Pagamento ref. Despesas diversas | | 0-0 |
| | | | |
| 30-07 | Saldo em caixa mês anterior (03) | 0-0 | |
| 30-07 | Saldo Banco Brasil | 0-0 | |
| | | | |
| 30-07 | Total do mês | 0-0 | 0-0 |
| 30-04 | Saldos p/mês Seguinte: | | |
| | Caixa,................................. Banco do Brasil,........................... Banco do Estado,.......................... | 0-0 0-0 0-0 | |

Fonte: Berti (1999)

# 5. Custos x Capital de Giro

### Introdução

A identificação das necessidades de capital de giro de uma indústria, está diretamente ligada ao volume de atividades, ou seja, a sua produção e comercialização a medida que o volume modifica, alterando para mais ou para menos, altera também o montante de recursos necessários para as operações da empresa.

O cálculo das necessidades de capital de giro está intimamente ligado com o setor de custos, tendo em vista que só é possível identificar as necessidades de giro de uma empresa industrial, quando sabe-se o custo da empresa (industrial, comercial, total).

Para os gestores encarregados das decisões na empresa, é mais importante saber o volume de recursos que a empresa necessitará no mês seguinte, do que saber o quanto de recursos que a empresa precisou no período passado. É no contexto de saber as necessidades futuras que analisamos a empresa, onde o capital de giro tem como base as projeções de receitas e custos da entidade em determinado período.

A análise da relação do custo com as necessidades de capital de giro, enfocada nesta seção parte sempre de projeções da empresa.

## 5.1 Conceito de capital de giro

Capital de Giro é o montante (parcela) de recursos, destinados à aplicação dos meios, para fazer com que a empresa complete o ciclo operacional, ou seja, a aquisição da matéria-prima, do material secundário, sua transformação em produtos acabados e a distribuição deles no mercado consumidor, reiniciando-se o ciclo.

Segundo o professor Paulo Sandroni capital de giro é: *parte dos bens de uma empresa representados pelos estoques de produtos e pelo dinheiro disponível (imediatamente e a curto prazo), também chamado de capital circulante.*[21]

Segundo os professores Armando De Santi Filho & José Leônidas Olinquevitch, *denominamos CDG-Capital de Giro, a parcela dos recursos próprios da empresa que se encontram disponíveis para aplicações. Contabilmente, o valor do CDG-Capital de Giro é obtido pela seguinte fórmula:*

Capital de Giro = Patrimônio Líquido *menos* Ativo Permanente.

*Como pode ser observado, a variável CDG-Capital de Giro refere-se àquela parcela dos recursos próprios que não está aplicada no ativo permanente, estando, portanto, disponível para outras aplicações.*[22]

Segundo os professores Eliseu Martins & Alexandre Assaf Neto, *o capital de giro identifica os recursos que geram (ou circulam) várias vezes em determinado período, ou seja, corresponde a uma parcela do capital aplicado pela empresa em seu ciclo operacional.*

*Capital de giro corresponde ao ativo circulante de uma empresa; representa o valor total dos recursos demandados pela empresa, para financiar seu ciclo operacional, o qual engloba desde a aquisição de matéria-prima até a venda e o recebimento dos produtos elaborados.*[23]

---

[21] Paulo Sandroni (1989) p. 36
[22] Armando de Santi Filho & José Leônidas Oliquevitch (1989) p. 74
[23] Eliseu Martins & Alexandre Assaf Neto (1986) pg. 276, 277

*Capital de giro - Esquema com vendas à vista*

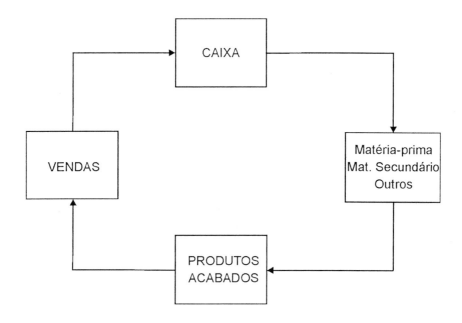

*Capital de giro - Esquema com vendas a prazo*

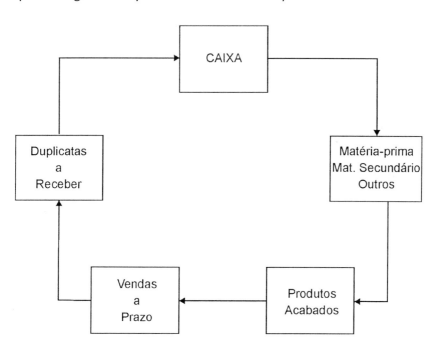

## 5.2 Cálculo do capital de giro

Ao calcularmos o capital de giro próprio da empresa, devemos usar a seguinte fórmula: patrimônio líquido menos ativo permanente (PL - AP).

*Análise Das Necessidades de Capital de Giro*

Ao se analisar as necessidades de capital de giro através da contabilidade, faz-se necessária uma reclassificação do balanço, ou seja, uma distribuição das contas em grupos diferentes dos contemplados pela lei 6.404/76.

Os professores Armando de Santi Filho & José Leônidas Olinquevitch reclassificam o balanço patrimonial da seguinte forma:

Reclassificação do Balanço Patrimonial

| Ativo | Passivo |
|---|---|
| Aplicações de Capital de Giro | Fontes de Capital de Giro |
| - Duplicatas a receber | - Fornecedores |
| - Estoques | - Obrigações fiscais |
| - Despesas antecipadas | - Obrigações trabalhistas |
| - Outras | - Outras |
| Outras Contas do Ativo Circ. | Outras contas do Passivo Circ. |
| - Disponibilidades | - Duplicatas descontadas |
| - Aplicações financeiras | - Empréstimos e financiamentos. |
| - Outras | - Outras |
| Realizável a longo prazo | Exigível a longo prazo |
| Ativo permanente | Patrimônio Líquido[24] |

Após a reclassificação do balanço patrimonial, o cálculo das necessidades líquidas de capital de giro (NLCG) torna-se fácil: é só subtrair do grupo de aplicações as fontes (aplicações - fontes).

Quando o resultado for positivo (aplicações maiores que as fontes), significa que a empresa necessita de recursos para financiar o giro dos negócios.

Quando o resultado for negativo (aplicações menores que as fontes), significa que a empresa não necessita de mais recursos para financiar o giro, ela já está sendo financiada com recursos de terceiros.

---
[24] Armando de Santi Filho & José Leônidas Oliquevitch (1989) p. 157

## 5.2.1 Necessidades líquidas de capital de giro - NLDCG

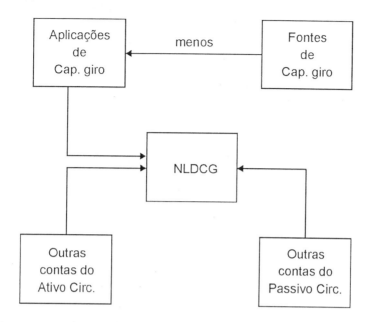

Para facilitar a compreensão exemplificamos, conforme segue:

### Balanço Patrimonial da Empresa XYZ

ATIVO  
Circulante
- Caixa, ....................... 3.000,00
- Banco conta Movim ... 6.000,00
- Aplic. Financeiras. ..... 8.000,00
- Duplicatas a Receber, 34.000,00
- Dupl. descontadas . (10.000,00)
- Estoques, ................. 35.000,00
- Desps. antecipadas,___2.200,00
  
  78.200,00

PASSIVO  
Circulante
- Fornecedores, ......... 22.000,00
- Obrigações Fiscais, .. 4.000,00
- Obrigações Trabs. ..... 3.800,00
- Emprest.Banco C.Prazo  
  15.000,00
  
  44.800,00

Exigível a Longo Prazo
- Financ. Bco. L.Prazo .. 43.000,00
- Emprést. c/Veículos, . 4.000,00
  
  47.000,00

Permanente
- Terreno, ................... 12.000,00
- Constr. Civil, ............. 18.000,00
- Instalações, ............... 1.800,00
- Veículos, .................. 19.000,00
- Móveis e utensílios, ... 2.600,00
- Equipam. de Comunic 1.900,00
- Diferido, ..................... 2.500,00
        57.800,00
Ativo total, ................ 136.000,00

Patrimônio Líquido
- Capital Social, .......... 30.000,00
- Reser. de Capital, ...... 6.000,00
- Lucros Acumulados ... 8.200,00
        44.200,00

Passivo Total, .......... 136.000,00

## Reclassificação do balanço patrimonial

### ATIVO

Aplicações de Capital de giro
- Duplicatas a receber, 34.000,00
- Estoques, ................. 35.000,00
- Desps. antecipadas, 2.200,00
        71.200,00

Outras contas do ativo circulante
- Disponibilidades, ........ 9.000,00
- Aplic. financeiras, ....... 8.000,00
        17.000,00
Ativo permanente, ...... 57.800,00

Ativo Total, ................ 146.000,00

### PASSIVO

Fontes de Capital de giro
- Fornecedores, ........... 22.000,00
- Obrigações fiscais, ..... 4.000,00
- Obrigações trabs ..... 3.800,00
        29.800,00

Outras contas do pas. circulante
- Empr. bancário curto pr .. 15.000,00
- Dupl. descontadas, ... 10.000,00
        25.000,00
Exigível a L. Prazo, ...... 47.000,00
Patrimônio Líquido, ...... 44.200,00
Passivo Total, ............ 146.000,00

*Análise das variáveis: CDG, NLCDG, T, LP*

a) CDG = capital de giro
 PL - AP = 44.200,00 - 57.800,00 = -13.600,00
b) NLCDG = Necessidades líquidas de capital de giro
 Aplicações - fontes = 71.200,00 - 29.800,00 = 41.400,00

> **Observação**
> Pelo que observamos, a empresa não tem recursos para o capital de giro, pois, além de usar todo os recursos próprios, está usando 13.600,00 de recursos de terceiros para financiar o seu ativo permanente.

As necessidades líquidas de capital de giro da empresa são de 41.400,00 e esse valor é de recursos de terceiros.

c) T = Tesouraria

T = OCAC - OCPC = outras contas do ativo circulante menos outras contas do passivo circulante.

T = R$. 17.000,00 - R$ 25.000,00 = - R$ 8.000,00

Quando negativa, significa que a empresa está trabalhando com recursos de terceiros a curto prazo.

d) LP = Longo prazo

LP = Ex.L.P - R.L.P

A quarta variável LP (longo prazo) é o resultado da operação exigível a longo prazo menos realizável a longo prazo, e quando positivo significa que a empresa está trabalhando com recursos de terceiros a longo prazo.

LP = R$. 47.000,00 - 0 = + 47.000,00

# 6. Elaboração do Planejamento Operacional – Um Estudo de Caso

Neste capítulo apresenta-se a empresa objeto do estudo de caso, onde os diretores forneceram as informações do estudo de mercado (consumidor, fornecedor e concorrente).

Após a avaliação do mercado e identificação dos dez produtos principais com sua participação, elaborou-se a receita total de vendas e, em seguida, a programação de produção.

Após a programação da produção, levantou-se a estrutura dos custos fixos, e foram calculados os custos variáveis por produto. Continuando, elaborou-se um quadro com a margem de contribuição. O passo seguinte foi o cálculo do ponto de equilíbrio com a figura do gráfico.

Na continuidade, elaborou-se o resumo de custo e receita, para, posteriormente, calcularem-se as necessidades de capital de giro da empresa.

## 6.1 Apresentação da empresa

A empresa objeto do estudo de caso em pauta, refere-se a uma indústria de embalagens plásticas, ou seja, de produtos derivados de polietileno.

A empresa industrializa e comercializa vários produtos (tipos de embalagens), mas para efeito de cálculo consideram-se somente os principais produtos: película impressa, película lisa, bobinas impressas, bobinas lisas, sacos impressos, sacos lisos e aparas. Os produtos citados foram considerados como representando 100% da produção mensal.

A indústria trabalha em regime de 1 (um) turno de 8 (oito) horas e 5 (cinco) dias semanais, perfazendo uma média de 22 (vinte e dois) dias mês.

A capacidade produtiva da indústria é de 60 (sessenta) toneladas de produtos acabados. Para conseguir essa produção, resulta o subproduto, aparas, que correspondente a 4,2 toneladas. O sistema de acumulação de custos empregado pela administração é de produção por pedido, já que uma grande parte da mesma é personalizada para cada cliente. Desse modo, a produção só tem seu início após a venda (ou o pedido) do produto.

Efetuou-se um estudo na empresa, nos meses de março, abril e maio de 2000, visando conhecê-las e efetuar um levantamento minuncioso das suas atividades, nos seguintes setores: departamento de vendas (comercialização), para saber qual a participação de cada produto nas vendas, seu preço unitário, forma de cálculo etc.; departamento de compras para saber os atuais fornecedores, preço, prazos etc., departamento de contas a pagar e receber para conhecer a política de crédito adotada pela empresa etc., departamento industrial visando conhecer o processo produtivo, capacidade das máquinas etc. e departamento administrativo também com o objetivo de conhecer o sistema administrativo da empresa.

Após o acompanhamento, nos diversos departamentos, identificou-se o comportamento e a forma de cálculo dos custos da empresa (fixo e variável), sua capacidade de, produção e comercialização. Depois do levantamento dos dados é que se partiu para a elaboração de um planejamento operacional de um mês, visando identificar: o volume necessário de atividades para a empresa ter seu ponto de equilíbrio, ou seja, a partir de que volume de atividades não terá prejuízo e passará a trabalhar com lucro; quais os produtos que proporcionam uma maior margem de contribuição; qual o valor das necessidades de capital de giro para a empresa; quais as medidas necessárias para incrementar a lucratividade da empresa etc.

Com base no sistema de trabalho da empresa onde os produtos são industrializados através de encomendas, como não é possível saber com exatidão quais os produtos e quantidades que serão vendidos, para efeito de planejamento operacional das receitas e dos custos da organização, tomou-se como base os dez principais produtos e a produção total das 60 toneladas de produto acabado.

O Quadro apresenta a programação de produção da indústria, para um período de um mês de atividades, com os 10 principais produtos comercializados pela mesma, onde a produção total de 60 toneladas de produtos acabados corresponde a 100% da capacidade instalada.

*Quadro - Distribuição dos produtos no total da produção mensal*

| Item | Produtos | % de Part. | Prod. mensal |
|---|---|---|---|
| 01 | Película Impressa | 4,0% | 2.400 kg |
| 02 | Película lisa | 2,5% | 1.500kg |
| 03 | Bobinas impressa | 14,0% | 8.400kg |
| 04 | Bobinas lisa | 8,5% | 5.100kg |
| 05 | Sacos impressos de 1 kg | 16,5% | 9.900kg |
| 06 | Sacos impressos de 5 kg | 7,0% | 4.200kg |
| 07 | Sacos impressos de 2 kg | 5,0% | 3.000kg |
| 08 | Sacos impressos diversos | 10,5% | 6.300kg |
| 09 | Sacos lisos diversos | 32,0% | 19.200kg |
| | **Total** | **100,0%** | **60.000kg** |
| **10** | **Aparas** | **7,0%** | **4.200kg** |

Na programação de produção, para um mês de atividades, pode-se observar que o produto sacos lisos tem a maior representatividade, ou seja, 32,0%, devido ser um produto não padronizado por cliente. Por outro lado, os dois produtos de menor representatividade são: película lisa e película impressa com 2,5% e 4,0% respectivamente. O total da produção é superior a 60 toneladas, porque aparas é um subproduto.

## 6.2 Projeção da receita para a empresa objeto de estudo

Após a identificação dos principais produtos relacionadas na programação de produção e do conhecimento do preço de venda unitário, obtido através das entrevistas com o diretor de comercialização, elaborou-se o quadro da receita total para o período de um mês.

A receita corresponde a 100% da capacidade produtiva instalada, ou seja, 60 toneladas de produtos acabados, sendo que aparas é um subproduto e não compõe as 60 toneladas, porém integra a receita evidenciada no Quadro.

*Quadro - Projeção da Receita Total*

| Item | Produto | Prod. kg | Pr. de Vendas | Receita Total |
|---|---|---|---|---|
| 01 | Película Impressa | 2.400 kg | 4,00 | 9.600,00 |
| 02 | Película lisa | 1.500kg | 3,40 | 5.100,00 |
| 03 | Bobinas impressas | 8.400 kg | 4,00 | 33.600,00 |
| 04 | Bobinas lisas | 5.100 kg | 3,40 | 17.340,00 |
| 05 | Sacos impres. de 1kg | 9.900 kg | 5,00 | 49.500,00 |
| 06 | Sacos impres. de 5 kg | 4.200 kg | 5,00 | 21.000,00 |
| 07 | Sacos impres. de 2 kg | 3.000kg | 5,00 | 15.000,00 |
| 08 | Sacos impres. diversos | 6.300kg | 5,00 | 31.500,00 |
| 09 | Sacos lisos diversos | 19.200 kg | 4,30 | 82.560,00 |
| 10 | Aparas | 4.200kg | 0,60 | 2.520,00 |
| Total | .................................. | o-o- | o-o- | 267.720,00 |

Verifica-se através do quadro a receita mensal da empresa projetada para trabalhar com 100% da sua capacidade produtiva instalada. A receita da produção total distribuída entre os principais produtos da empresa.

### 6.3 Custos totais

Após a determinação da receita da empresa, operando com 100% da sua capacidade produtiva instalada, estudaram-se os custos totais para o mesmo período, nesse caso em estudo um mês.

## 6.3.1 Custo fixo

Após um estudo junto aos departamentos de contabilidade e administração da empresa, através de entrevistas e reuniões com os diretores e responsáveis por departamentos da empresa, levantou-se o custo fixo mensal, conforme demonstra-se no Quadro.

*Quadro - Custo Fixo mensal*

| Item | Discriminação do custos | Valor mensal em R$ |
|---|---|---|
| 01 | Água e esgoto | 110,00 |
| 02 | Energia elétrica da administração | 180,00 |
| 03 | Honorários contábeis | 1.800,00 |
| 04 | Seguros | 210,00 |
| 05 | Salários | 8.300,00 |
| 06 | Aluguel da sede da empresa | 1.400,00 |
| 07 | Encargos sociais sobre salários (55%) | 4.565,00 |
| 08 | Lanches e refeições | 650,00 |
| 09 | Pró-Labore | 8.000,00 |
| 09 | Encargos sociais s/pró-labore | 800,00 |
| 10 | Despesas com telefones | 360,00 |
| 11 | Vale transporte | 380,00 |
| 12 | Combustíveis (administ. e comerc.) | 450,00 |
| 13 | Limpeza e manutenção | 300,00 |
| 14 | Outras despesas | 600,00 |
| 15 | Depreciação | 2.250,00 |
| - | **Total** | **30.355,00** |

Observa-se que o componente com a maior participação é o custo com salários. Percebe-se, também, que o segundo custo fixo com maior representatividade é a retirada dos sócios. Em contrapartida, os dois componentes com menor participação são: água e energia elétrica respectivamente. O que é importante destacar é que o custo fixo representa 11,34%a em relação à receita da empresa.

### 6.3.2 Custos variáveis

Para levantar os custos variáveis de produção, entrevistaram-se pessoas ligadas a produção (diretor de produção e encarregados de setores ligados a produção, almoxarifado). Além disso, levantaram-se dados na contabilidade de custos.

Para cada produto elaborou-se um quadro com os custos variáveis, iniciando-se com película lisa. Para poder elaborar os cálculos de custo, levantram-se junto ao setor de produção os componentes de produção e na contabilidade os demais dados, conforme apresenta-se no Quadro.

*Quadro - Película Impressa*

| Produto | Discr. (componentes produção) | Valor mês/R$ |
|---|---|---|
| Polietileno | 2.400kg x 1,07 = 2.568kg x R$ 1,60 | 4.108,80 |
| Tinta | 2.400kg x 43,17g = 103,60kg x R$ 8,24 | 853,70 |
| Solvente | 2.400kg/56,89 = 42,19 lt x R$ 1,00 | 42,20 |
| Fita dupla face | 2.400kg/17.100 x R$ 170,00 | 23,90 |
| Retardador | 2.400kg/113,78kg = 21,09 lt x R$ 2,90 | 61,20 |
| Canudos | 2.400kg/30kg=80 x 1,2 = 96kg x R$ 0,46 | 44,20 |
| Rolos de fitas | 2.400kg/560kg = 4,29 x R$ 0,90 | 3,90 |
| Quebra de prod. | 2.400kg x 8% = 192kg x R$ 1,60 | 307,20 |
| Subtotal | --- | 5.445,10 |
| Energia Elétrica | R$ 680,00 / 60.000kg x 2.400kg | 27,10 |
| I.C.M.S | Débito = 17% e x 12% - crédito 7% | 1.010,80 |
| P.I.S | R$ 9.600,00 x 0,65% = | 62,40 |
| Cofins | R$ 9.600,00 x 3,0% = | 288,00 |
| Comiss. S/vendas | R$ 9.600,00 x 5,0% = | 480,00 |
| Desp. Financeir. | R$ 9.600,00 x 30% x 10,0% = | 288,00 |
| Publicid. e propag. | R$ 9.600,00 x 0,5 % = | 48,00 |
| Total | Custo variável do produto | 7.649,40 |
| Custo variav. Unit. | R$ 7.649,40/2.400kg = | 3,19 |
| Marg. Cont.prod. | R$ 9.600,00 - R$ 7.649,40 = | 1.950,60 |
| Marg.cont.unitária | R$ 1.950,60/2.400kg = | 0,8128 |

Nos custos variáveis do produto película impressa observa-se que a matéria-prima polietileno tem a maior participação no custo variável total do produto, ou seja, 53,71%. Nota-se também que a margem de contribuição do produto em relação a sua receita representa 20,32%.

Após o cálculo da película impressa, calculou-se o custo da película lisa, utilizando os mesmos critérios, como se demonstra no Quadro 9.

*Quadro - Película Lisa*

| Produto | Discr. (componentes da produção) | Valor mês/R$ |
|---|---|---|
| Polietileno | 1.500kg x 1,07 = 1.605kg x R$ 1,60 | 2.568,00 |
| Canudos | 1.500kg/30kg=50 x 1,2 = 60kg x R$ 0,46 | 25,20 |
| Rolo de fita | 1.500kg /560 = 268 rolos x R$ 0,90 | 2,40 |
| Quebra de prod. | 1.500kg x 8% = 120kg x R$ 1,60 | 192,00 |
| Subtotal | | 2.787,60 |
| Energia elétrica | R$ 680,00 /60.000 x 1.500 = | 17,00 |
| I.C.M.S. | débito = 17% e 12% - crédito7% = | 544,40 |
| P.I.S. | R$ 5.100,00 x 0,65% | 34,70 |
| COFINS | R$ 5.100,00 x 3,0% = | 153,00 |
| Comiss. S/vendas | R$ 5.100,00 x 5,0% = | 255,00 |
| Desp.financeiras | R$ 5.100,00 x 30% x 10% = | 153,00 |
| Public.e propag. | R$ 5.100,00 x 0,5% = | 25,50 |
| Total | Custo variável do produto | 3.970,20 |
| Unitário | R$ 3.970,20/1.500 kg = | 2,6468 |
| Marg. Cont.prod. | R$ 5.100,00 - R$ 3.970,20 = | 1.129,80 |
| Marg.cont.unitária | R$ 3,40 – R$ 2,6468 = | -0,7532 |

Nota-se que a matéria-prima polietileno corresponde a 64,68% do custo do produto. Por outro lado, a margem de contribuição do produto representa 22,15% da receita, o que deixa claro um bom desempenho deste produto na formação do resultado.

Continuando o cálculo dos custos variáveis por produto, calculou-se o custo das bobinas impressas, utilizando as informações levantadas por intermédio do diretor de produção e contabilidade, como se apresenta no Quadro 10.

*Quadro - Bobinas impressas*

| Produto | Discr. (componentes produção) | Valor mês/R$. |
|---|---|---|
| Polietileno | 8.400kg x 1,07 = 8.988kg x R$ 1,60= | 14.388,80 |
| Tinta | 8.400kg x 43,17g = 362,63kg x R$ 8,24= | 2.988,10 |
| Solvente | 8.400kg /56,89kg = 147,65lt x R$ 1,00= | 147,65 |
| Fita dupla face | 8.400kg/17.100kg x R$ 170,00= | 83,50 |
| Retardador | 8.400kg/113,78kg = 73,83lt x R$ 2,90= | 214,10 |
| Canudos | 8.400kg/30kg x 1,2 = 336kg x R$0,46= | 154,55 |
| Rolos de fitas | 8.400kg/560kg =15 x R$ 0,90= | 13,50 |
| Quebra produção | 8.400kg x 8% = 672kg x R$ 1,60= | 1.072,20 |
| Subtotal | - | 19.062,40 |
| Energia Elétrica | R$ 680,00/60.000kg x 8.400kg= | 94,90 |
| I.C.M.S. | Débito = 17% e 12 - crédito 7% = | 3.537,60 |
| P.I.S | R$ 33.600,00 x 0,65% = | 218,40 |
| COFINS | R$ 33.600,00 x 3,0% = | 1.008,00 |
| Comissão /vendas | R$ 33.600,00 x 5,0% = | 1.680,00 |
| Desp. Financeiras | R$ 33.600,00 x 30% x 10% = | 1.008,00 |
| Publicid. Propag. | R$ 33.600,00 x 0,5% = | 168,00 |
| Total | Custo variável do produto | 26.777,30 |
| Custo var. Unitário | R$ 26.777,30/8.400kg = | 3,1878 |
| Marg.cont. produto | R$ 33.600,00 - 26.777,30 = | 6.822,70 |
| Marg.cont.unitária | R$ 6.822,70/8.400kg = | 0,8122 |

Pode-se observar que o componente de maior custo é a matéria-prima polietileno, que representa 53,74% do custo total. O produto apresenta uma margem de contribuição em relação à receita de 20,31%.

Na seqüência, calculou-se o produto bobinas lisas, usando sempre as informações levantadas junto aos diretores e à contabilidade da empresa, conforme se apresenta no Quadro.

*Quadro - Bobinas Lisas*

| Produto | Discr. (componentes produção) | Valor mês/R$ |
|---|---|---|
| Polietileno | 5.100kg x 1,07 = 5.437kg x R$ 1,60 = | 8.731,20 |
| Rolo de fitas | 5.100kg/560kg x R$ 0,90 = | 8,20 |
| Canudos | 5.100kg/30kg x 1,2 = 204 x R$ 0,46= | 93,80 |
| Qubra de prod. 8% | 5.100kg x 8% = 408kg x R$ 1,60 = | 652,80 |
| Subtotal | - | 9.486,00 |
| Energia Elétrica | R$ 680,00/60.000kg x 5.100kg = | 57,60 |
| I.C.M.S. | Débito = 17% e 12% - crédito 7% = | 1.850,30 |
| P.I.S | R$ 17.340,00 x 0,65% = | 112,70 |
| COFINS | R$ 17.340,00 x 3,0% = | 520,20 |
| Comis. S/vendas | R$ 17.340,00 x 5,0% = | 867,00 |
| Desp.financeiras | R$ 17.340,00 x 30% x 10% = | 520,20 |
| Public.e propag. | R$ 17.340,00 x 0,5% = | 86,70 |
| Total | Custo variável do produto | 13.500,70 |
| Custo var.unitário | R$ 13.500,70/5.100kg = | 2,6472 |
| Marg.cont.do prod. | R$ 17.340,00 - R$ 13.500,70 = | 3.839,30 |
| Marg.cont.unitária | R$ 3.839,30/5.100kg = | 0,7528 |

O Quadro apresenta os componentes de custos do produto e o componente com maior participação no custo é o polietileno, representando 67,67% do total. Pela sua participação significativa o componente que se deve ter uma atenção especial. Esse produto tem uma margem de contribuição total em relação a sua receita de 22,14%, ou seja, um bom desempenho na formação do resultado.

O produto com maior volume na produção e comercialização da empresa compreende os sacos impressos, para o qual se efetuou o cálculo dos custos, observando os mesmos critérios dos demais produtos, conforme apresenta o Quadro.

*Quadro - Sacos Impressos*

| Produto | Discr. (componentes produção) | Valor mês/R$. |
|---|---|---|
| Polietileno | 23.400kg x 1.07 = 25.038kg x R$ 1,60= | 40.060,80 |
| Tinta | 23.400kg x 43,17g= 1.010,18 x R$ 8,24= | 8.323,90 |
| Solvente | 23.400kg/56,89kg= 411,32kg x R$ 1,00= | 411,30 |
| Fita dupla face | 23.400kg/17.100kg x R$ 170,00= | 232,60 |
| Retardador | 23.400kg/113,78kg= 205,66kg x R$ 290 | 596,40 |
| Rolo de fita | 23.400kg/560 x R$ 0,90= | 37,60 |
| Subtotal | - | 49.662,60 |
| Energia elétrica | R$ 680,00/60.000kg x 23.400kg= | 266,40 |
| I.C.M.S. | Débito 17% e 12% - crédito 7% | 13.488,60 |
| P.I.S. | R$ 117.000,00 x 0,65% = | 760,50 |
| COFINS | R$ 117.000,00 x 3,0% = | 3.510,00 |
| Comissão /vendas | R$ 117.000,00 x 5,0% = | 5.850,00 |
| Desp. Financeiras | R$ 117.000,00 x 30% x 10% = | 3.510,00 |
| Publicid. E propag. | R$ 117.000,00 x 0,5% = | 585,00 |
| Total | Custo variável do produto | 77.633,10 |
| Custo var.unitário | R$ 77.633,10/23.400kg= | 3,3177 |
| Marg.cont.produto | R$ 117.000,00 - R$77.633,10= | 39.366,90 |
| Marg.cont.unitária | R$ 39.366,90/23.400kg= | 1,6823 |

    A margem de contribuição em relação à receita é de 33,65%. Já o componente de maior custo é a matéria-prima polietileno com 51,60% do custo do produto; em segundo lugar o custo com ICMS, correspondendo a 17,37%. A margem de, contribuição é representativa na formação do resultado.

    Outro produto de grande importância nas atividades da empresa são os sacos lisos. Após o levantamento das informações junto ao diretor de produção e o departamento contábil elaborou-se o Quadro com todos os componentes.

*Quadro - Sacos Lisos*

| Produto | Discr. (componentes produção) | Valor mês/R$ |
|---|---|---|
| Polietileno | 19.200kg x 1,07 = 20.544kg x R$ 1,60= | 32.870,40 |
| Rolo de fitas | 19.200kg/560kg x R$ 0,90= | 30,90 |
| Subtotal | - | 32.901,30 |
| Energia Elétrica | R$ 680,00/60.000kg x 19.200kg= | 217,00 |
| I.C.M.S. | Débito 17% e 12% - crédito 7% | 9.668,10 |
| P.I.S | R$ 82.560,00 x 0,65% = | 536,60 |
| COFINS | R$ 82.560,00 x 3,0% = | 2.476,80 |
| Comissão S/vendas | R$ 82.560,00 x 5,0% = | 4.128,00 |
| Despes. Financ. | R$ 82.560,00 x 30% x 10% = | 2.476,80 |
| Public. E propag. | R$ 82.560,00 x 0,5% = | 412,80 |
| Total | Custo variável do produto | 52.817,40 |
| Custo var.unitário | R$ 52.817,40/19.200kg = | 2,7509 |
| Marg.cont.do prod. | R$ 82.560,00 - R$ 52.817,40 = | 29.742,60 |
| Marg.cont.unitária | R$ 29.742,60/19.200kg = | 1,5491 |

    Observa-se no Quadro os custos variáveis (vendas e produção), onde o produto tem na matéria-prima polietileno o seu maior componente de custo, ou seja 62,23%. Observa-se também a margem de contribuição do produto que, representa 36,03% da receita da empresa.

    A empresa apresenta apenas um subproduto, aqui tratado como aparas, ou seja, na medida em que a produção vai ocorrendo, no momento do corte e do acabamento, há sobras, as quais são comercializadas como aparas. Esse subproduto não tem componente de custo de produção e sim custos de comercialização, como apresenta-se no Quadro.

*Quadro - Subproduto - Aparas*

| Produto | Discr. (componentes produção) | Valor mês/R$. |
|---|---|---|
| I.C.M.S. | Débito R$ 2.520,00 x 17% = | 428,40 |
| P.I.S | R$ 2.520,00 x 0,65% = | 16,40 |
| COFINS | R$ 2.520,00 x 3,0% = | 75,60 |
| Comissão s/vendas | R$ 2.520,00 x 5,0% = | 126,00 |
| Desp. Financeiras | R$ 2.520,00 x 30% x 10% = | 75,60 |
| Public. E propag. | R$ 2.520,00 x 0,5% = | 12,60 |
| Total | Custo variável do produto | 734,60 |
| Custo var. unitário | R$ 734,60 / 4.200kg = | 0,1749 |
| Marg.cont. do prod. | R$ 2.520,00 - R$ 734,60 = | 1.785,40 |
| Marg.cont. unitária | R$ 1.785,40 / 4.200kg = | 0,42,51 |
| % marg.cont.rec. | R$ 1.785,40 / 2.520,00 x 100 = | 70,85% |

O subproduto apresentado no Quadro 14 tem a maior margem de contribuição em relação à receita do produto, ou seja, 70,85%. Isso ocorre devido a matéria-prima utilizada no produto referir-se às sobras dos demais produtos, onde os custos com polietileno e demais componentes já foram imputados nos produtos fabricados pela empresa.

### 6.4 Margem de contribuição

O conhecimento do custo variável confrontado com a receita de cada produto industrializado pela empresa possibilita avaliar a sua contribuição na formação do resultado da empresa. Além disso, permite tomar decisões no sentido de incrementar os esforços na direção de um ou mais produtos por meio da margem de contribuição, conforme mostra o Quadro 15.

*Quadro - Resumo da margem de contribuição dos produtos*

| Produto | Marg. contrib. unitária/R$ | Marg. contrib. total/ R$ |
|---|---|---|
| Película Impressa | 0,8128 | 1.950,60 |
| Película lisa | 0,7532 | 1.129,80 |
| Bobinas impressa | 0,8122 | 6.822,70 |
| Bobinas lisa | 0,7528 | 3.839,30 |
| Sacos impressos | 1,6823 | 39.366,90 |
| Sacos lisos | 1,5491 | 29.742,60 |
| Aparas | 0,4251 | 1.785,40 |
| Total | - | 84.637,30 |

Os produtos em que a empresa deve incrementar os esforços para aumentar as vendas são aqueles que proporcionam uma margem de contribuição unitária maior, isto é, sacos impressos, sacos lisos, bobinas impressas, seguindo essa ordem. A administração deve observar sempre os produtos que proporcionam uma margem maior.

### 6.5 Ponto de equilíbrio

Quando se pensa em elaborar um planejamento operacional da empresa, a primeira preocupação que se deve ter é qual o mínimo de atividades que a empresa precisa para operar sem que haja prejuízo, ou seja, qual o ponto de equilíbrio e, quando se sabe os custos (fixo e variável) e a receita, é possível identificar o ponto de equilíbrio visando tomar decisões.

No nível de atividades da empresa em que se atinge o ponto de equilíbrio, o total das receita é igual ao total dos custos, esse volume é o mínimo necessário para uma empresa trabalhar sem que essa tenha prejuízo.

Como a empresa trabalha com produtos diferentes, onde as margens de contribuição unitária também são diferentes, uma das formas de se utilizar o ponto de equilíbrio é em percentual (PE%), através da seguinte fórmula:

Ponto Equilíbrio em % = Custo fixo total / margem de contribuição total x 100
PE = R$ 30.355,00 / R$ 84.637,30 x 100 = 35,8648%

Como se pode observar, através dos cálculos, a empresa precisa ter um volume de atividades de 35,8646% do previsto no planejamento operacional para que as receitas totais sejam iguais aos custos totais, nesse volume o resultado é nulo.

Para se identificar o volume financeiro das receitas, tal é possível através da seguinte fórmula:

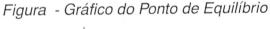

PE = receita total do planejamento x ponto de equilíbrio em %.
R$. 267.720,00 x 35,8648% = R$ 96.017,20

O cálculo através da fórmula mostra que no momento em que a receita total da empresa atinge o volume financeiro de R$ 96.017,20, o resultado é nulo. Sempre observando as condições determinadas pelo planejamento operacional.

Uma forma mais fácil de se observar o volume de atividades necessárias no ponto de equilíbrio é pela visualização através de gráfico, conforme mostra a Figura 4.

*Figura - Gráfico do Ponto de Equilíbrio*

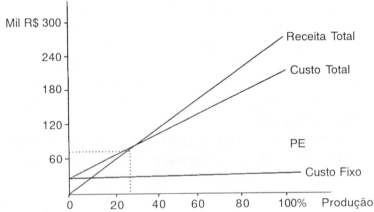

A figura mostra o nível mínimo de atividades necessário para a empresa operar sem prejuízo, ou seja, lucro igual a zero ou o ponto de equilíbrio. No momento em que as atividades forem superiores a 35,86% da capacidade instalada a empresa opera na faixa em que obtem lucro. O mínimo necessário de receita nas condições do planejamento é de R$ 86.017,20.

## 6.6 Necessidades de capital de giro

A partir do momento em que os gestores tomam conhecimento da identificação dos custos da empresa, esses adquirem uma ferramenta para auxilir na tomada de decisões de curto prazo, já que o planejamento operacional é de curto prazo, podendo então elaborar o planejamento das necessidades de capital de giro.

O conhecimento dos custos possibilita ao gestor elaborar o planejamento das necessidades de capital de giro, visando tomar decisões no sentido de evitar problemas decorrentes do não conhecimento do volume de capital necessário.

Para se calcular as necessidades de capital de giro da empresa objeto de estudo, precisam-se conhecer algumas características da mesma, as quais apresentam-se na seqüência:

a) um resumo de custos e receitas da empresa, projetado com 100% de sua capacidade;
b) o ciclo produtivo da empresa corresponde em média a 3 dias;
c) do total das vendas, 80% são a prazo; desse volume 30% são descontadas em bancos com uma taxa média de 10% a.m.;
d) as compras de matéria-prima são realizadas no Estado de São Paulo (aliq. ICMS 7%) e o prazo médio nas compras é de 30 dias, sendo 90% das compras a prazo;
e) a empresa mantém um estoque de matéria-prima para uma produção de 30 dias;
f) materiais secundários (canudos, rolos de fitas, retardador e fita dupla face) o período de estocagem é para uma produção de estocagem de 45 dias;
g) os produtos acabados permanecem estocados na empresa apenas 3 dias;

h) os impostos, ICMS da indústria são pagos em duas parcelas, em datas diferentes, dando um período médio de 12 dias; já o PIS e COFINS, são pagos no décimo dia do mês seguinte;
i) foram consideradas como recursos próprios só as vendas à vista.

As características que foram mencionadas são da empresa em estudo, e de uma empresa para outra empresa as características mudam, devido as peculiaridades da cada uma.

O ponto de partida do planejamento de capital de giro, inicia-se com a elaboração de um quadro resumo de receitas e custos, como mostra o Quadro 16.

*Quadro - Resumo da projeção de receitas e custos*

| Discriminação | Valor mensal em R$ |
|---|---|
| Receita Total | 267.720,00 |
| Custo Total | 213.437,70 |
| Custo Fixo | 30.355,00 |
| Custo Variável | 183.082,70 |
| - Polietileno | 102.728,00 |
| - Tinta | 12.165,70 |
| - Solvente | 601,15 |
| - Fita dupla face | 340,00 |
| - Retardador | 871,70 |
| - Canudos | 317,75 |
| - Rolos de fitas | 96,50 |
| - Quebra de produção | 2.224,20 |
| - I.C.M.S. | 30.528,20 |
| - P.I.S. | 1.741,70 |
| - CFINS | 8.031,60 |
| - Comissões sobre vendas | 13.386,00 |
| - Despesas financeiras | 8.031,60 |
| - Publicidade e propaganda | 1.338,60 |
| - Energia elétrica | 680,00 |
| Lucro antes do Imposto de Renda | 54.282,30 |
| Margem de contribuição total (1 – 2.2) | 84.637,30 |

O quadro mostra o resumo de receitas e custos da empresa, onde percebe-se que a margem de contribuição total é de 84.637,30, bem superior ao custo fixo, que é de R$. 30.355,00.

Com o resumo das receitas e dos custos e sabendo da política da empresa, o passo seguinte é o cálculo do quadro das necessidades de capital de giro, como se apresenta no Quadro.

*Quadro - Necessidades de capital de giro para 100% da cap. produtiva*

| Discriminação | Base de Cálculo | Valor mês/R$ |
|---|---|---|
| 1. NECESSIDADES | | |
| 1.1 Necessidades mínimas | 5% s/demais necessidades | 15.576,00 |
| 1.2 Estoque matéria-prima | 30 dias de estocagem | 117.719,00 |
| 1.3 Estoque material secundário | 45 dias | 2.439,00 |
| 1.4 Est.de produtos em elaboração | 3 dias (ciclo produtivo) | 7.473,00 |
| 1.5 Estoque de prod. Acabados | 3 dias | 14.947,00 |
| 1.6 Financiamento às vendas | 80% vendas prazo. m/30 dias | 168.950,00 |
| Total das Necessidades | ///////////////////// | 327.104,00 |
| 2. COBERTURAS | | |
| 2.1 Crédito de fornecedores | ///////////////////// | 105.409,00 |
| 2.2 Salários a pagar | ///////////////////// | 1.383,00 |
| 2.3 Impostos a pagar | ///////////////////// | 15.469,00 |
| 2.4 Recur. Próprios (vendas a vis. | ///////////////////// | 53.544,00 |
| 2.5 Duplicatas descontadas | ///////////////////// | 57.828,00 |
| 2.6 Nec. Adicional de cap.de giro | ///////////////////// | 93.47100 |
| **Total das Coberturas** | ///////////////////// | **327.104,00** |

O Quadro mostra que para a empresa trabalhar com 100% de sua capacidade instalada, ela apresenta um total de necessidades de R$ 327.104,00 e deduzindo o que recebe de terceiros, precisa buscar em outras fontes um adicional de R$ 93.471,00 para fazer face às necessidades de giro.

Visando um melhor entendimento de que forma foi realizado o calculado apresenta-se a base de cálculo de todos os componentes a seguir:

a) necessidades mínimas - calcula-se um percentual das demais necessidades para eventuais gastos não previstos, nesse caso usou-se 5%, e a forma de cálculo é:

Necessidade mínima = total das outras necessidades multiplicado por 5%

R$ 311.528, x 5% = R$ 15.576,40.

b) Estoque de matéria-prima - para uma produção de 30 dias - a fórmula que se emprega para o cálculo das necessidades de estocagem da matéria-prima é:

Est. M.P. = Total mat.prima. do período/n° dias do perído x prazo est.Est. M.P = R$ 102.728,00 + 12.165,70 + 601,15 + 2.224,20 = R$ 117.719,05.

c) Estoque de material secundário - estocagem para um período de produção de 45 dias e a fórmula que se emprega para o cálculo é:

*Estoque material .Secundário = material secundário do período, dividido pelo período base de cálculo, em seguida multiplicando-se pelo número de dias de estocagem necessário.*

Est. mat. secundário = R$ 340,00 + 871,70 + 317,75 + 96,50 = 1.625,95 / 30 dias x 45 dias = R$ 2.438,90.

d) Estoque de produtos em elaboração - o período de duração do processo produtivo é de 3 dias = a fórmula empregada é:

Est. prod. em elab. = custo total do período, menos a depreciação, menos os custos variáveis de vendas, o resultado dessa operação divide-se por dois, em seguida divide-se pelo número de dias do período e multiplica-se pelo ciclo produtivo Est. Produtos em elaboração = R$ 213.437,70 - (2.250,00 + 30.528,20 + 1.741,70 + 8.031,60 + 13.386,00 + 8.01,60) = R$ 149.468,60 / 2 / 30 dias x 3 dias = R$ 7.473,40

e) Estoque de produtos acabados = a empresa mantém um estoque de produtos acabados apenas 3 dias, usa-se a mesma fórmula de produtos em elaboração, apenas não dividindo por dois e multiplicando-se pelo período da estocagem necessária. = R$ 149.468,60 / 30 x 3 dias = R$ 14.946,90

f) Financiamento às vendas - do total das vendas 80% são efetuadas a prazo e o prazo médio é de 30 dias. A fórmula empregada é:
FV = custo total menos depreciação, x % a prazo.
FV = R$ 213.437,70 - 2.250,00 = 211.187,70 x 80% = R$ 168.950,20
g) Crédito de fornecedores - nas compras de matéria-prima e demais materiais secundários, 90% são a prazo, sendo este de 30 dias e a fórmula empregada é:
Total da matéria-prima multiplicado pelo percentual de compras a prazo/ pela base de cálculo x 30 dias.
CF = R$ 102.728,00 + 12.165,70 + 601,15 + 340,00 + 871,70 + 317,75 + 96,50 = 117.120,80 x 90% = R$ 105.408,72.
h) Salários a pagar - os salários são pagos no 5º dia útil do mês e a fórmula empregada é:
SP = total dos salários divididos pelo período da base de cálculo multiplicado por cinco.
SP = R$ 8.300,00 / 30 dias x 5 dias = R$ 1.383,30
i) Impostos a Pagar total dos tributos dividido pela base de cálculo e multiplicado pelo número de dias de prazo para recolhimento, através da fórmula como segue:
IP = ICMS/30dias x12 dias + PIS + COFINS / 30 dias x 10 dias.
IP = ICMS 30.528,20 / 30 x 12 dias = 12.211,30 + (PIS e COFINS 9.773,30 / 30 dias x 10 dias 3.2.57,80) = 15.469,10.
j) Recursos próprios - 20% do total de vendas são à vista, calculados conforme a fórmula:
RP = total das vendas x % de vendas a vista.
RP = R$ 267.720,00 x 20 % = R$ 53.544,00.
l) Duplicatas descontadas - das vendas a prazo uma parcela é descontada em banco, deduzido o % de juros do desconto, calculados pela fórmula:
DP = total das vendas % de vendas a prazo, x pelo % da taxa de descontado pagos ao banco e x % de recebimento líquido.
DD = R$ 267.720,00 x 80% x 30% = 64.252,80 x 90% = R$ 57.827,52.

No quadro 17 os componentes das necessidades de giro, que são diretamente proporcionais ao nível de atividade, alteram-se nas mesmas proporções, já outros componentes que recebem parte do custo fixo não obedecem essa relação, conforme enfocam-se as necessidades do Quadro.

*Quadro - Necessidades de capital de giro, produção no P. Equilíbrio*

| Discriminação | Base de Cálculo | Valor mês/R$ |
|---|---|---|
| NECESSIDADES | | |
| Necessidades mínimas | 5% sobre demais necessi. | 6.442,60 |
| Estoque matéria-prima | 30 dias de estocagem | 42.219,70 |
| Estoque material secundário | 45 dias | 874,50 |
| Estoque de prod. Em elab. | 3 dias (ciclo produtivo) | 3.581,60 |
| Estoque de prod. Acabados | 3 dias | 7.163,10 |
| Financiamento às vendas | 80% vendas prazo m/30 d. | 75.013,60 |
| Total das Necessidades | ///////////////////// | 135.295,10 |
| COBERTURAS | | |
| Crédito de fornecedores | ///////////////////// | 37.804,50 |
| Salários a pagar | ///////////////////// | 1.383,00 |
| Impostos a pagar | ///////////////////// | 5.548,00 |
| Recurs. próprios (vendas a vis.) | ///////////////////// | 19.203,40 |
| Duplicatas descontadas | ///////////////////// | 20.739,60 |
| Nec. Adicional de cap. de giro | ///////////////////// | 50.616,60 |
| **Total das Coberturas** | ///////////////////// | **135.295,10** |

As duas informações mais importantes no quadro 18 são: a primeira é o total das necessidades de capital de giro com a produção no ponto de equilíbrio, onde o valor corresponde a R$ 135.295,10. o segunda é a mais importante, que é a identificação do total das necessidades adicionais de capital de giro, compreendendo R$ 50.616,60, ou seja, os gestores precisam buscar em outras fontes esse valor.

### 6.7 Conclusão do Planejamento Operacional

Este item do planejamento mostra a integração das partes do planejamento onde verifica-se a integração da contabilidade de custos, com mercado, com necessidades de capital de giro, resultados da empresa etc.. Essas partes do integram-se na elaboração do planejamento operacional, já que, está diretamente ligada com as atividades da empresa e apresenta-se nas principais etapas do planejamento, como segue-se.

### 6.7.1 Determinação do ponto de equilíbrio

Na elaboração do planejamento operacional, a primeira preocupação dos gestores está ligada à definição do mínimo de atividades necessários para a indústria (empresa) operar sem que esta tenha prejuízos, ou seja, o ponto de equilíbrio e só é possível o cálculo deste com as informações geradas pela contabilidade de custos.

O cálculo do ponto de equilíbrio é o resultado da relação entre o custo fixo total e a margem de contribuição total e tem como objetivo informar aos gestores o nível mínimo de atividades necessário para a empresa operar sem que haja prejuízo. Na empresa em estudo, o ponto de equilíbrio ocorre quando a empresa opera com 35,8648% de suas atividades. O Quadro 19 evidencia o resultado da pesquisa na empresa estudada, sendo esta do ramo de atividade indústria e comércio de embalagens derivados de polietileno, localizada na cidade de Goiânia – Goiás.

*Quadro - Definição do ponto de equilíbrio*

| Discriminação | 100% de ativ. | 35,8648% P. Equilíbrio |
|---|---|---|
| - custo fixo | 30.355,00 | 30.355,00 |
| - custo variável | 183.082,70 | 65.662,20 |
| - custo total | 213.437,70 | 96.017,20 |
| - margem de contrib. | 84.637,30 | 30.355,00 |
| - receita total | 267.720,00 | 96.017,20 |

Conforme mostra a pesquisa, ocorre o ponto de equilíbrio da empresa, com um volume de atividades de 35,8648%, deixando uma margem significativa de 64,1352% da capacidade produtiva para os gestores administrarem a empresa, de acordo com que se apresenta a conjuntura econômica da região onde a empresa se encontra inserida.

*Gráfico do ponto de equilíbrio*

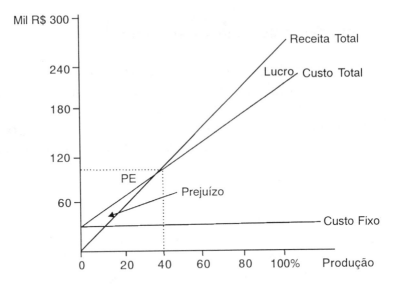

## 6.7.2 Resultado dos produtos industrializados

Outra fase importante do planejamento operacional refere-se à determinação do resultado esperado pela empresa com a industrialização e comercialização dos produtos. O resultado que um produto ou grupo de produtos proporciona à indústria só é possível conhecer no momento em que se compara a receita desses produtos com os custos dos mesmos, e só se obtém essa informação através das informações geradas pela contabilidade de custos.

A definição do volume de receitas da indústria, identificados a partir da política de vendas no período do planejamento, só é possível com o conhecimento da margem de contribuição de cada produto, informação que se obtém através da contabilidade de custos.

A pesquisa na empresa, analisando o mercado consumidor e sua capacidade administrativa, revela os produtos que proporcionam uma margem de contribuição maior. O Quadro evidencia o resultado dos principais produtos da indústria, ou seja, a margem de contribuição.

Quadro - A margem de contribuição dos principais produtos

| Produto | Margem contrib. Unitária | Margem contrib. Total R$ |
|---|---|---|
| - Sacos impressos | 1,6823 | 39.366,90 |
| - Sacos lisos | 1,5491 | 29.742,60 |
| - Bobinas impressas | 0,81,22 | 6.822,70 |
| - Bobinas lisas | 0,7528 | 3.939,30 |

O planejamento mostrou quais os produtos que proporcionam maior margem de contribuição, possibilitando aos gestores definirem a política de vendas, os produtos que devem receber maior atenção no sentido de incrementar as vendas para melhorar o resultado da empresa.

### 6.7.3 Planejamento das necessidades de capital de giro

No momento da elaboração do planejamento, em que os gestores decidem o volume das atividades da empresa, uma das constantes preocupações refere-se ao montante das necessidades de capital de giro. A identificação do volume necessário de capital de giro da indústria só se pode encontrar quando se conhece os custos da empresa, informação que se obtém através da contabilidade.

O planejamento identificou o volume das necessidades de capital de giro. O Quadro evidencia o resultado.

*Quadro - Necessidades de capital de giro*

| Discriminação | Valor em R$ |
|---|---|
| - Necessidades cap. giro com 100% da produção | 327.104,00 |
| - Necessidades adicional de giro com 100% produção | 93.471,00 |
| - Necessidades cap. giro com 35,8648% da produção | 135.295,20 |
| - Necessidades adicional de giro com 35,8648% da prod. | 50.616,60 |

No planejamento do capital de giro, o valor que os gestores necessitam para a empresa operar com 100% da capacidade produtiva e também o volume necessário a empresa operando no nível do ponto de equilíbrio. A pesquisa mostrou, também, o valor adicional que os gestores precisam captar em outras fontes de recursos.

# 7. Risco x Retorno x Custo de Capital Próprio

Os conceitos de risco e retorno são de grande importância para os administradores de empresas de todo o mundo. A idéia de que o retorno deve crescer à medida que o risco aumenta é fundamental para a economia e administração moderna, já que com a globalização da economia a competição empresarial aumenta e em contra partida os riscos também aumentam, exigindo um crescimento nas taxas de retorno.

## 7.1 Introdução à avaliação: o valor do dinheiro no tempo

Um dos problemas básicos enfrentados pelos administradores financeiros consiste em determinar o valor hoje de fluxos de caixa esperados no futuro. A frase *valor do dinheiro no tempo* refere-se ao fato de que um real na mão hoje vale mais do que um real prometido para alguma data de tempo futuro.

*Valor futuro e composição*

Valor futuro (VF) refere-se ao momento do dinheiro em que um investimento se transformará ao longo de determinado período, dada uma taxa de juros, ou seja, valor futuro é o montante em dinheiro de um investimento em algum momento futuro.

Valor futuro (VP) = o que vale um investimento após um ou mais períodos.

**Caso mais simples – investimento por um período.**
Exemplo: Analise um investimento de R$ 100,00 em uma caderneta de poupança que rende uma taxa de juros de 10% ao ano. Quanto você terá após um ano?
R$ 100,00 (principal) x (1 + r) = R$ 100,00 x 1,10 = R$ 110,00.

**Caso mais complicado - Investimento por mais de um período**
Exemplo: Esse mesmo investimento quando será o valor no segundo ano?
R$ 100,00 (principal) x (1 + r)2 = 100,00 x (1,1 x 1,1) =
R$ 100,00 x

### 7.1.1. Valor presente líquido (VPL)

A meta do administrador financeiro é criar valor para o acionista. O administrador financeiro, portanto, precisa examinar investimentos potenciais à luz de seus prováveis efeitos sobre o preço da ação da empresa.

Um investimento vale a pena quando cria valor para seus proprietários. Em sentido mais genérico, criamos valor identificando investimentos que valem mais no mercado do que o seu custo de aquisição.

Nesta seção descrevemos um procedimento largamente utilizado para isso, o valor presente líquido (VPL).

### 7.1.2 Conceito

O valor presente líquido é a diferença entre o valor de mercado de um investimento e seu custo. O valor presente líquido é uma medida de quanto valor é criado ou adicionado hoje para realizar um investimento.

### 7.1.3 Risco

É definido como a possibilidade do resultado dos investimentos em uma instituição (empresa) serem negativos, ou seja, prejuízo. Somente os ativos que apresentam uma possibilidade de prejuízo são considerados arriscados.

O risco também é entendido como a variabilidade de retornos associados a um determinado ativo.

O risco está ligado ao tempo, a medida que um ativo apresenta um período de vida útil maior, o risco relativo do ativo aumenta com o passar do tempo devido a variabilidade crescente dos retornos, resultante de erros de previsão cada vez maior, para um futuro distante.

Segundo os professores Ross, Westerfield e Jordan[25], existe uma recompensa, na média, por assumir risco. Chamamos esta recompensa de prêmio por risco. O prêmio por risco é maior nos investimentos mais arriscados, precisa-se definir risco e discutir como medi-lo.

Quando examinamos os riscos associados a ativos individuais, descobrimos que existem dois tipos de **risco: sistemático e não sistemático**. O risco sistemático afeta praticamente todos os ativos na economia (exemplo: problema de conjuntura da economia do País como um todo). O risco não sistemático afeta no máximo um número pequeno de ativos. O princípio da diversificação, nos mostra que carteiras muito diversificadas tenderão a não ter praticamente nenhum risco não sistemático.

O princípio do risco sistemático – o retorno esperado de um ativo com risco depende apenas do risco sistemático daquele ativo.

A medida que se diversifica os investimentos, o risco tende a diminuir, mas não tem como eliminá-lo.

*Mensuração do risco sistemático*

Como o risco sistemático é fator determinante crucial do retorno esperado do ativo, precisa-se medir de alguma forma os níveis de risco sistemático de diferentes investimentos. A medida específica que utilizaremos é denominada de **coeficiente beta**.

O coeficiente beta diz quanto risco sistemático determinado ativo tem em relação a um ativo médio.

---

[25] Ross, Westerfield e Jordan (2000, p. 288)

O beta de uma carteira, pode ser calculado exatamente como o retorno esperado da carteira. Em geral, se tivéssemos um grande número de ativos na carteira, multiplicaríamos o beta de cada ativo por seu peso na carteira e somaríamos os resultados para obter o beta da carteira.

### 7.1.4 Retorno

Retorno é definido como a possibilidade do resultado dos investimentos em uma instituição (empresa) serem negativos, ou seja, prejuízo. Somente os ativos que apresentam uma possibilidade de prejuízo são considerados arriscados.

O retorno de um ativo é o resultado que esse ativo pode proporcionar ao seu proprietário, resultado esse que deve ser positivo. Retorno esperado é a expectativa futura de retorno de um ativo com risco.

O retorno mínimo exigido em uma atividade empresarial é o custo do capital empregado na atividade da empresa, ou seja, o custo do capital investido.

A primeira preocupação que devemos ter em mente ao pensarmos em retorno do investimento é efetuarmos o cálculo do custo de capital.

### 7.2 Custo de Capital

O custo de capital pode ser definido como a taxa de retorno que a empresa precisa obter sobre os seus projetos de investimentos, para manter o valor de mercado de suas ações.

*Premissas Básicas:*

- O custo de capital é um conceito dinâmico afetado pôr vários fatores econômicos e empresariais.
- O cálculo do custo de capital é um fator importante na decisão sobre investimentos, ou seja, quando se pensa em investir em um determinado projeto, a primeira preocupação é o cálculo do

custo do capital no investimento, tanto o capital de terceiros como o capital próprio.

*Custo dos fatores específicos de capital*

O cálculo do custo das fontes específicas de capital e a combinação dos mesmos para determinar e aplicar o custo médio ponderado de capitais (CMPC).

A fonte de financiamento mais relevante e que dá suporte aos investimentos do ativo permanente, são as de longo prazo, por essa razão nós daremos toda a ênfase possível.

Há quatro fontes básicas de fundos a longo prazo para a empresa: 1- empréstimos a longo prazo; 2- ações preferenciais; 3- ações ordinárias; 4- lucros retidos. O lado direito do balanço, onde são aplicado as fontes e servem para ilustrar o balanço.

| | BALANÇO | |
|---|---|---|
| ATIVO | Passivo Circulante | Fontes de fundos a Longo Prazo |
| | Empréstimos a Longo Prazo | |
| | Patrimônio Líquido<br>- Ações preferenciais<br>- Ações Ordinárias<br>- Lucros retidos | |

Embora as empresas nem sempre utilizam cada um desses métodos de financiamentos, pois esperam ter fundos em sua estrutura de capital, provavelmente de algumas dessas fontes.

O custo de cada uma dessas fontes de financiamento é o custo de obtenção dos fundos hoje, e que detalharemos a seguir:

*a) Custo da dívida a longo prazo - Empréstimos a longo prazo.*

Os empréstimos a longo prazo das empresa são, em sua maioria, incorridos através da venda de títulos da dívida. *Os recebimentos líquidos* da venda de um título da dívida ou de qualquer título, são os fundos realmente obtidos pela venda. Os *custos da colocação* - o custo total da emissão e venda de um título, reduzem os recebimentos líquidos provenientes da venda de um título, reduzem os recebimentos líquidos provenientes da venda de um título com prêmio, com um desconto, ou pelo valor nominal (de face).

Para efeito de cálculo do custo do empréstimo a longo prazo, nós utilizamos a seguinte fórmula:

$$kd = \frac{J + Vlr.nom. - Nd}{\frac{Nd + Vlr.nom.}{2}}$$

Kd = Custo do empréstimo antes do imposto de renda;
J = Juros anuais em unidades monetárias;
Nd = Rendimentos líquido procedente da venda do título;
n = Número de anos para o vencimento do título;
Vlr.nom. = Valor de face do título (valor de emissão).

A expressão para calcular a taxa de retorno obtida sobre qualquer ativo durante o período **t**, geralmente é definida como:

$$Tx.Rt. = \frac{Va - Vi + Fl.cx.}{Vi}$$

Tx.rt. = taxa de retorno
Va = Valor residual do imóvel (investimento)
Vi = Valor inicial do imóvel (investimento)
Fl.cx.= fluxo de caixa obtido durante o período do projeto.

b) *Custo da ação Ordinária - AO*

Uma fonte de recursos da empresa é a emissão de ações ordinária, que são calculadas da seguinte forma:

$$AO = \frac{D}{P} + G$$

onde:
D = Dividendo
P = preço da ação
G = ganho esperado (taxa) de lucro

*c) Custo da ação preferencial - AP*

**Kp**, é obtido dividindo-se o dividendo anual preferencial, **Dp**. pelos recebimentos líquidos da venda da ação preferencial **Np**. Os recebimentos líquidos representam o montante de dinheiro a ser recebido, livre de quaisquer despesas de emissão e venda (despesas de colocação). exigidos para se negociar a ação.

$$Kp\% = \frac{Dp}{Np} \times 100$$

onde:
Dp = dividendos
Np = recebimento líquido da ação
Kp = custo da ação preferencial

*d) Custo do capital próprio – CCP*

**Conceito** – custo de capital próprio é o retorno que os investidores em ações ou quotas da empresa exigem para o seu investimento.

*Introdução*

Analisar o custo de capital próprio é uma tarefa muito difícil, visto que, não existe forma de observar diretamente o retorno exigido pelos investidores em ações da empresa. Mas é preciso estimá-lo de alguma forma.

Um grande número de profissionais da área de custos (contadores, economistas, administradores, engenheiros etc.) não identificam o custo do capital próprio para agregar ao custo dos produtos industrializados e comercializados pela empresa, apresentando um resultado incorreto.

No nosso entendimento o não cálculo do custo do capital próprio (CCP), decorre de várias razões, as quais destacamos algumas:
a) falta de conhecimento ou falta de hábito dos profissionais da área de custos – uma boa parte dos profissionais responsáveis pela identificação do custo não tem o costume de calcular

o custo do capital próprio e nem sempre em alguns casos sabem calcular;
b) herança cultural – a sociedade brasileira carrega uma herança cultural vinda desde o período de colonização, onde o sistema empregado pelos Portugueses na colonização de nosso país, baseado nas grandes propriedades (cultura da cana de açúcar) onde a base da mão-de-obra era não qualificada e por muito tempo escrava.

Os investimentos que aqui eram feitos tenham como objetivo principal a exploração das riquezas e levados para a Europa inicialmente pelos países que aqui dominavam inicialmente com Portugal, Inglaterra, Holanda, Estados Unidos da América etc., mas sempre com o mesmo objetivo de explorar e tirar vantagem de nossas riquezas, o que muito contribui na formação de nossa cultura.

Com o passar dos tempos e conseqüente transformações, nada foi feito para mudar essa cultura e não se criou uma cultura de investimentos em papéis (títulos, ações etc.).

Entre as formas utilizadas pelos estudiosos do assunto, empregamos a apresentada pelos professores Ross, Westerfield e Jordan[26], como segue:

RE = D1 / Po + g
Onde:
RE = retorno do empresário ou custo capital próprio;
D1 = dividendos projetados para o próximo período;
Po = preço da ação;
G = Taxa de crescimento que se estima de dividendos.

**Exemplo para ilustrar:**

Suponha que a empresa Linda Visão S A , uma grande empresa prestadora de serviços, tenha pago um dividendo de R$ 4,00 por ação no último ano. O preço corrente da ação é de R$ 60,00. Você estima que o dividendo cresça a uma taxa constante de 6% indefinidamente. Qual é o custo de capital próprio da Linda Visão S A.

---
[26] ROSS, WESTERFIELD, JORDAN (2000, p. 321-324) Princípios de administração financeira.

Com base no modelo de crescimento de dividendos, calculamos que o dividendo esperado para o próximo ano, D1, é:

D1 = Do x (1 + g)
D1 = R$ 4,00 x 1,06 —— D1 = 4,24
Com base nisso, o custo de capital próprio, Re é:
Re = D1 / Po + g
Re = 4,24 / 60,00 + 0,06 —— Re = 13,07%

**Estimação de g**

Para usar o modelo de crescimento de dividendos, precisamos determinar g, a taxa de crescimento, Existem basicamente duas maneiras para isso:

1) Utilizar taxas históricas de crescimento:

| Ano | Dividendo |
|---|---|
| 1997 | R$ 1,10 |
| 1998 | R$ 1,20 |
| 1999 | R$ 1,35 |
| 2000 | R$ 1,40 |
| 2001 | R$ 1,55 |

Calculamos então a variação percentual dos dividendos de cada ano:

| Ano | Dividendo | Variação em R$ | Variação em % |
|---|---|---|---|
| 1997 | R$ 1,10 | - | - |
| 1998 | R$ 1,20 | R$ 0,10 | 9,09% |
| 1999 | R$ 1,35 | R$ 0,15 | 12,50% |
| 2000 | R$ 1,40 | R$ 0,05 | 3,70% |
| 2001 | R$ 1,55 | R$ 0,15 | 10,71% |

Observe que se calculamos a média das variações em percentual dessas quatro taxas de crescimento, o resultado será (9,09 + 12,50 +3,70 + 10,71) / 4 = 9%, e podemos utilizar esse dado como estimativa da taxa de crescimento esperado g.

# 8. Estudos de Casos Resolvidos para Revisão do Aprendizado

## 8.1 Estudos de casos resolvidos

**Estudo de caso - 01**

A empresa Independência com. e ind. Ltda. Trabalha com os produtos: A, B, C e D e tem controle de custos através do método de custeio direto, e apresenta a seguinte estrutura:

*Programa de produção:*

| Produto | Produção mensal | Preço de vendas |
|---|---|---|
| A | 2.000 | 17,90 |
| B | 2.000 | 19,90 |
| C | 1.800 | 21,00 |
| D | 1.500 | 19,90 |

- As compras de matéria-prima e embalagens são no Estado de Minas Gerais, já às vendas são 40% para o estado de S. Paulo e 60% para Minas Gerais.

| Produto | matéria-prima | embalagens | custo fixo unit. | M.O D. |
|---|---|---|---|---|
| A | 3,60 | 1,10 | 1,60 | 2,10 |
| B | 3,80 | 1,20 | 1,70 | 2,50 |
| C | 3,90 | 1,30 | 1,50 | 2,40 |
| D | 3,70 | 1,20 | 1,50 | 2,30 |

- Todas as máquinas produzem todos os produtos, sabe-se que o fornecedor de matéria-prima trabalha no sistema FOB 1%.

- A empresa efetuou uma pesquisa de mercado e constatou que os produtos só poderão serem vendidos pelo preço seguinte:

Produto A = 17,30
Produto B = 18,20
Produto C = 19,20
Produto D = 19,40

- Uma das máquinas da empresa que tem a capacidade de produção de 2.000 unidades por mês está com problemas e deve ficar 20 dias sem produzir.
- A empresa gostaria de manter a lucratividade desejada, em função disso busca novos fornecedores de matéria-prima e embalagens.

**Pede-se**:
1 - Qual é o custo meta de cada produto (A,B,C e D)?
2 - Qual é a lucratividade esperada pela empresa?
3 - Qual é a produção de cada produto da empresa, sabendo que deve deixar de os dois produtos que proporcionam menor margem igualmente?
4 - Para conseguir o lucro esperado, sabe-se que a empresa pode conseguir uma redução de 12% no custo fixo, 10% na mão-de-obra direta e o restante caso seja necessário, deve ser com a redução no preço da matéria-prima e nas embalagens mantendo a mesma proporção do custo com a redução. Qual é o custo da matéria-prima de cada produto e da embalagem de cada produto?

*Resolução do Estudo de Caso:*

| Discriminação | Prod. A | Prod. B | Prod. C | Prod. D |
|---|---|---|---|---|
| 1- Preço de venda pretendido | 17,90 | 19,90 | 21,00 | 19,90 |
| 2- Custos internos | 11,03 | 12,17 | 12,25 | 11,69 |
| - matéria-prima | 3,60 | 3,80 | 3,90 | 3,70 |
| - embalagens | 1,10 | 1,20 | 1,30 | 1,20 |
| (-) ICMS crédito | (0,85) | (0,90) | (0,94) | (0,88) |
| - mão-de-obra direta | 2,10 | 2,50 | 2,40 | 2,30 |
| - FOB matéria-prima 1% | 0,04 | 0,04 | 0,04 | 0,04 |
| Subtotal | 5,99 | 6,64 | 6,70 | 6,36 |
| - CVV(PIS e COFINS=3,65% | 0,65 | 0,73 | 0,77 | 0,73 |
| - ICMS (40%=12 e 60%=18) | 2,79 | 3,10 | 3,28 | 3,10 |
| Custo variável interno | 9,43 | 10,47 | 10,75 | 10,19 |
| Custo fixo | 1,60 | 1,70 | 1,50 | 1,50 |
| 3- Lucro unitário pretendido | 6,87 | 7,73 | 8,75 | 8,21 |
| 4- Preço de mercado (pesquisa) | 17,30 | 18,20 | 19.20 | 19,40 |
| 5- Custo meta | 10,43 | 10,47 | 10,45 | 11,19 |
| 6- Redução necessária | 0,60 | 1,70 | 1,80 | 0,50 |
| - custo fixo (12%) | (0,19) | (0,20) | (0,18) | (0,18) |
| - mão-de-obra direta (10%) | (0,21) | (0,25) | (0,24) | (0,23) |
| - CVV (PIS COFINS ICMS) | (0,11) | (0,33) | (0,35) | (0,09) |
| 7- Saldo a reduzir | (0,09) | (0,92) | 1,03 | - |
| 8- Redução final | | | | |
| - matéria-prima | (0,07) | (0,70) | (0,77) | |
| - embalagens | (0,02) | (0,22) | (0,26) | |

Preço desejado para compras da matéria-prima e embalagens.

| Produto | Matéria-prima | Embalagens |
|---|---|---|
| A | 3,60 - 0,07 = 3,53 | 1,10 - 0,02 = 1,08 |
| B | 3,80 - 0,70 = 3,10 | 1,20 - 0,22 = 0,98 |
| C | 3,90 - 0,77 = 3,13 | 1,30 - 0,26 = 1,04 |

**Produção mensal**  Produto A = 1.333  **Lucro Esperado**  C = 9.157,71
Produto B = 1.333  B = 10.304,09
Produto C = 1.800  C = 15.750,00
Produto D = 1.500  D = 12.315,00
47.526,80

Relação entre matéria-prima e embalagens:

Produto A 4,70 —— 100%  
3,60 — x = 77% MP e 33% E

Produto B 5,00 —— 100%  
3,80 —— x = 76% MP 24% E

Produto C 5,20 —— 100%  
3,90 —— x = 75% MP 25% E

## Estudo de caso - 02

A indústria e comércio de caixas térmicas Proteção LTDA, trabalha com a industrialização e comercialização de produtos derivados de poliestireno expandido e apresenta a seguinte estrutura:
- 2 (dois) diretores com uma retirada mensal de R$ 3.000,00 cada um;
- 6 (seis) funcionários no escritório com um salário médio mensal de R$ 480,00 cada;
- 1 (uma) secretária com salário mensal de R$ 400,00;
- 1 (uma) telefonista com salário mensal de R$ 400,00;
- 1 (um) funcionário com o cargo de zelador com um salário mensal de R$ 310,00;
- 2 (dois) guardas com salário mensal de R$ 380,00 cada um;
- Os investimentos fixos contabilizados apresentam os seguintes saldos:
- Imóvel sede da empresa R$ 1.800.000,00;
- Máquinas e equipamentos da indústria R$ 1.100.000,00;
- Instalações da empresa R$ 120.000,00;
- Móveis e utensílios E$ 90.000,00;
- Veículos R$ 210.000,00;
- Equipamentos de escritório R$ 160.000,00.
  A depreciação do imobilizado da empresa é realizada nos parâmetros das normas da Receita Federal, ou seja, as seguintes taxas: (4%), (10%), (20%).
- A empresa conta com uma equipe de representantes, onde cada um ganha a título de comissões sobre as vendas que efetua 4%;
- As compras de matéria-prima poliestireno é efetuada 50% no estado do Rio de Janeiro e 50% no Estado de São Paulo;

- A empresa industrializa diversos produtos, que alteram em função do mercado consumidor, mas para efeito de planejamento distribuí-se toda a produção nos três principais produtos, sendo:
  a) caixas térmicas grande (- CT-1);
  b) caixas térmicas médias (- CT-2);
  c) caixas térmicas pequenas (- CT-3).
- As caldeiras consomem em média 1 m3 de lenha por dia, sendo que cada metro custa R$ 30,00.
- A empresa trabalha cinco dias semanais totalizando 22 dias no mês.

**Observação**
Use como critério de rateio a matéria-prima por unidade de produto.

- No setor da indústria trabalham os seguintes funcionários:
  a) Almoxarifado 1(um) funcionário com salário mensal de R$ 350,00;
  b) No setor de produção 10 funcionários com um salário médio de R$ 400,00 cada um;
  c) No setor de expedição 2 funcionários com um salário médio de R$ 480,00 cada um;
  d) No setor de energia (caldeiras) um funcionário com salário de R$ 280,00;
- A empresa apresenta os seguintes departamentos:
  a) Departamento de administração com uma área de 360 m2;
  b) Departamento de almoxarifado com área de 200m2;
  c) Departamento de produção expansão da matéria-prima 200m2;
  d) Departamento de combustão (caldeiras) 120m2;
  e) Departamento de montagem e prensa com área de 210m2;
  f) Departamento de acabamento e expedição com área de 190m2;

Com um kg de matéria-prima (poliestireno) industrializa-se uma caixa de cada tipo, sabendo que a caixa grande consome 80% mais de matéria-prima da caixa média e a pequena gasta a metade da matéria-prima da média, o desperdício de matéria-prima das três caixas juntas corresponde a 1%.

A caixa grande leva um enfeite que custa R$ 0,13
As despesas mensais com seguros é de R$ 1.100,00
Despesas com luz, telefone água mensal é de R$ 1.300,00
Despesas com manutenção e conservação mensal é de R$ 680,00
Outras despesas administrativas somam o total de R$ 2.220,00
- A capacidade de produção da empresa é de 25 toneladas de produtos acabados no mês;
- A empresa trabalha sistema CIF 1%.
- Sabe-se através de levantamentos junto ao mercado consumidor que a empresa pode distribuir sua produção da seguinte forma:
  a) Região sul 20% da produção;
  b) Região Norte 10% da produção;
  c) Região nordeste 10% da produção;
  d) Estado de Minas Gerais 50%;
  e) Demais estados 10% da produção.

**Observação**
Considera somente as alíquotas 12% e 18%.

- O custo da matéria-prima poliestireno custa R$ 28,00 cada kg.
- A lucratividade esperada pela empresa é de 8%, PIS 0,65%, COFINS 3%.

**Pede-se:**
1 - Qual é a produção em caixas da empresa?
2 - Qual é a receita da empresa no mês?
3 - Qual é o preço de vendas de cada caixa?
4 - Qual é a margem de contribuição de cada caixa?
5 - Qual é a margem de contribuição total do mês?
6 - Qual é o ponto de equilíbrio da empresa?

## Resolução do estudo de caso.

### a) Produção mensal da empresa
- Caixas térmicas grandes = 25.000 unidades;
- Caixas térmicas médias = 25.000 unidades;
- Caixas térmicas pequenas = 25.000 unidades.

### b) Custo Fixo mensal:
| | | |
|---|---|---:|
| - Retirada de sócios R$. 3.000,00 X 2 | = R$ | 6.000,00 |
| - Funcionários escritório R$ 480,00 x 6 | = R$ | 2.880,00 |
| - Secretária e telefonista R$ 400,00 x 2 | = R$ | 800,00 |
| - Um zelador................................................ | = R$ | 310,00 |
| - Guardas da empresa R$ 380,00 x 2 | = R$ | 760,00 |
| - Despesas com seguros mensal............ | = R$ | 1.100,00 |
| - Despesas c/ água, luz e fone mensal | = R$ | 1.300,00 |
| - Despesas c/ manutenção e conserv.. | = R$ | 680,00 |
| - Outras despesas administrativas mês | = R$ | 2.220,00 |
| - Depreciação do imobilizado mensal | = R$ | 21.750,00 |
| **Total do custo fixo ...............................** | **R$** | **37.800,00** |

### c) Critério de rateio
o critério de rateio utilizado é o consumo de matéria prima por unidade de produto.
- caixa grande = 540 g + caixa média = 300g + caixa pequena = 150g total 990g.

    caixa grande     990g .... 100%
                            540g ........ x    =    54,55
    caixa média       990g .... 100%
                            300g ........ x    =    30,30%
    caixa pequena  990g .... 100%
                            150g ........ x    =    15,15%

### d) custo fixo unitário
- caixa térmica grande .. R$ 37.800,00 x 54,55%/25.000 = 0,8248 ou 0,82
- caixa térmica média .. R$ 37.800,00 x 30,30%/25.000 = 0,4581 ou 0,46
- caixa térmica pequena R$ 37.800,00 x 15,15%/25,000 = 0,2291 ou 0,23

### e) mão-de-obra direta

| | | |
|---|---|---|
| - almoxarifado 1 funcionário ........................... = | R$ | 350,00 |
| - produção 10 funcionários x R$ 400,00 ......... = | R$ | 4.000,00 |
| - expedição 2 funcionários x R$ 480,00 ......... = | R$ | 960,00 |
| - caldeiras 1 funcionários ............................. = | R$ | 280,00 |
| **Total mão-de-obra direta** ............................ | **R$** | **5.590,00** |

### f) mão-de-obra direta unitária

- caixa térmica grande ... R$ 5.590,00 x 54,55% / 25.000 = R$ 0,1220 ou 0,12
- caixa térmica média..... R$ 5.590,00 x 30,30% / 25.000 = R$ 0,0068 ou 0,07
- caixa térmica pequena R$ 5.590,00 x 1'5,15% / 25.000 = R$ 0,0339 ou 0,03

### Caixas térmicas grande (CT-1)

| | | | |
|---|---|---|---|
| - matéria-prima 540g (poliestireno) x R$ 28,00 ...... = R$ | 15,12 | | |
| - desperdício matéria-prima 5,4g x R$ 28,00 ..... = R$ | 0,15 | | |
| - lenha 22m3 x R$ 30,00 x 54,55% / 25.000 cx .. = R$ | 0,01 | | |
| - Enfeites cada unidade ........................................ = R$ | 0,13 | | |
| - (ICMS crédito R$ 15,12 + 0,15 x 12%) .............. = R$ | (1,83) | | |
| - mão-de-obra direta ............................................. = R$ | 0,12 | R$ | 13,70 |
| - custo fixo unitário ............................................... = R$ | 0,82 | R$ | 14,52 |
| - preço de vendas 14,52/(100-31,65= 68,35%) ..... = R$ | **21,24** | | |
| - custos variáveis de vendas (21,24 x 23,65%) .... = R$ | 5,02 | | |
| - custo total unitário .............................................. = R$ | | | 19,54 |
| - margem de contribuição unitária ........................ = R$ | | | 2,52 |
| - lucro líquido unitário ............................................ = R$ | | | 1,70 |
| - margem de contribuição em % da receita ........... = | | | 1,86% |

### Caixas térmicas médias (CT-2)

| | | | |
|---|---|---|---|
| - matéria-prima 300g (poliestireno) x R$ 28,00 ...... = R$ | 8,40 | | |
| - desperdício matéria-prima 3,0g x R$ 28,00 ..... = R$ | 0,08 | | |
| - lenha 22m3 x R$ 30,00 x 30,30% / 25.000 ....... = R$ | 0,01 | | |
| - (ICMS crédito (8,40 + 0,08 x 12%) ..................... = R$ | (1,02) | | |
| - mão-de-obra direta ............................................. = R$ | 0,07 | R$ | 7,54 |
| - custo fixo unitário. .............................................. = R$ | 0,46 | R$ | 8,00 |
| - preço de vendas R$ 8,00 / 68,35% .................... = R$ | **11,70** | | |
| - custo variável de vendas (11,70 x 23,65%) ........ = R$ | 2,77 | | |
| - custo total unitário .............................................. | | R$ | 10,77 |
| - margem de contribuição unitária ........................ = | | R$ | 1,39 |
| - lucro líquido unitário ........................................... = | | R$ | 0,93 |
| - margem de contribuição em % da receita .......... = | | | 7,95% |

### caixas térmicas pequenas

- matéria-prima 150g (poliestireno) x R$ 28,00 ...... = R$    4,20
- desperdício matéria-prima 1,5g x R$ 28,00 ........ = R$    0,04
- lenha 22m3  x  R$ 30,00 x 15,15% / 25.000 ....... = R$    0,01
- (ICMS crédito (4,20 + 0,04 x 12%) ..................... = R$    (0,51)
- mão-de-obra direta .............................................. = R$    <u>0,03</u>    R$ 3,77
- custo fixo unitário .............................................. = R$    <u>0,23</u>    R$ 4,00
- preço de vendas R$ 4,00 / 68,35% ..................... = R$    **5,85**
- custo variável de vendas (5,85  x 23,65%) ......... = R$    1,38
- custo total unitário ............................................. =           R$ 5,38
- margem de contribuição unitária ....................... =           R$ 0,70
- lucro líquido unitário .......................................... =           R$ 0,47
- margem de contribuição em % da receita .......... =           11,97%

### Receita mensal da empresa

- caixas térmicas grande 25.000 x R$ 21,24 ....... = R$  531.000,00
- caixas térmicas média  25.000 x  R$  11,70 ...... = R$  292.500,00
- caixas térmicas pequena 25.000 x R$ 5,85 ........ = R$  <u>146.250,00</u>
- Total ................................................................        R$  **969.750,00**

Margem de contribuição total
- caixas térmicas grande 25.000 xR$ 1,70............ =        42.500,00
- caixas térmicas média 25.000 x R$ 1,39............ =        34.750,00
- caixas térmicas pequena 25.000 x R$ 0,70 ........ =        <u>17.500,00</u>
- Total ................................................................   R$  **94.750,00**

### Ponto de equilíbrio

- R$ 37.800,00/r$ 94.750,00 X 100 ...................... =        **39,89%**


### Estudo de caso - 03

A Indústria GOMA LTDA, trabalha com os produtos A,B,C, e tem sua programa ção de produçao mensal da seguinte forma:
Produto A = 1.500 unidades / mês
Produto B = 1.400 unidades / mês
Produto C = 1.460 unidades / mês
- A mão-de-obra direta empregada na produção é a seguinte:
- Para produzir uma unidade do produto A uma equipe de  4 pessoas gastam 40 minutos;

Para produzir uma unidade do produto  B uma equipe de  3 pessoas gastam 30 minutos;

Para produzir uma unidade do produto  C  uma equipe de 4 pessoas gastam 35 minutos;

- Todos os funcionários trabalham 180 horas no mês;

Cada funcionário que trabalha na produção do produto A ganha R$ 480,00 por mês;

Cada funcionário que trabalha na produção do produto B ganha o dobro que ganha o do produto A;

Cada funcionário que trabalha na produção do produto C ganha 1/3 do que ganha o do que trabalha na produção do B;

- Matéria-Prima;

Produto A = R$ 3,80 por unidade;
Produto B = R$ 3,60 por unidade;
Produto C = R$ 4,00 por unidade.

- Outras Informações:

Custo fixo mensal é de R$ 7.142,00.

Os fornecedores de matéria prima trabalham sistema FOB 2% As compras de matéria prima são em S.Paulo (12%), já as vendas todas para Minas.

- Preço de vendas pretendido pela empresa é:

Produto A = R$.. 28,90
Produto B = R$.. 32,60
Produto C = R$.. 28,40

### Observação
Se você precisar distribuir os custos fixos use como critério o custo unitário da mão-de-obra direta.

Após a pesquisa de mercado consumidor constatou-se o seguinte: os produtos só terão mercado pelo seguinte preço.

- Produto A = R$ 27,50
- Produto B = R$ 30,10
- Produto C = R$ 26,10

A lucratividade da empresa deve ser mantida, partindo dessa posição o diretor administrativo indaga ao contador de custos:

1- qual é o custo meta de cada um dos três produtos?
2- qual é a redução necessária de cada unidade de produto para a empresa manter a mesma lucratividade em R$?

## Resolução do estudo de caso

1) Produção mensal
- produto A = 1.500 unidades/mês
- produto B = 1.400 unidades/mês
- produto C = 1.460 unidades/mês

2) Mão-de-obra direta
- produto A R$ 480,00/180 h = R$ 2,67 x (160m / 60mh) = R$ 7,10
- produto B R$ 480,00/180 h = R$ 2,67 x 2 x (90m / 60) = R$ 8,00
- produto C R$ 5,34/3 = 1,78 x (35m x 4 / 60mh )............ = R$ 4,15

3) Custo fixo total ...................... R$ 7.142,00

4) Custo fixo unitário
critério MOD 7,10 + 8,00 + 4,15 = 19,25
- produto A 19,25 ...... 100%
-             7,10 ......   x    = 36,88%

- produto B 19,25 ...... 100%
              8,00 ......   x    = 41,56%

- produto C 19,25 ...... 100%
              4,15 ......   x    = 21,56%
A = R$ 7.142,00 x 36,88%/1500 unidades = R$ 1,76
B = R$ 7.142,00 x 41,56% /1400 unidades = R$ 2,12
C = R$ 7.142,00 x 21,56% /1460 unidades = R$ 1,05

5) Quadro resumo unitário

| Discriminação | Produto A | Produto B | Produto C |
|---|---|---|---|
| 1- Preço de vendas | 28,90 | 32,60 | 28,40 |
| 2- Custo total | | | |
| - matéria prima | 3,80 | 3,60 | 4,00 |
| - FOB (2%) | 0,01 | 0,01 | 0,01 |
| - crédito ICMS | -0,46 | -0,43 | -0,48 |
| - mão-de-obra direta | 7,10 | 8,00 | 4,15 |
| - custo fixo unitário | 1,76 | 2,12 | 1,05 |
| Custo de produção | 12,21 | 13,30 | 8,73 |
| Custo v. de vendas 25,65% | 7,41 | 8,36 | 7,28 |
| Total do custo interno unitário | 19,62 | 21,66 | 16,01 |
| 3- Lucro unitário | 9,28 | 10,94 | 12,39 |
| 4- Preço de mercado | 27,50 | 30,10 | 26,10 |
| 5- Custo meta (4 – 3) | 18,22 | 19,16 | 13,71 |
| 6- **Redução necessária** | **1,40** | **2,50** | **2,30** |

Respostas: 1 = item 5, 2 = item 6.

## Estudo de Caso - 04

A empresa Indústria e Comércio Boa Ferragem S A, com sede no estado de São Paulo, na sua estrutura de produção apresenta dois departamentos: **A** e **B**.

**No departamento A apresenta a seguinte situação e estrutura:**
- fabrica, dois tipos de arruelas: grande e pequena.
Com 300 gramas de matéria-prima produz uma de cada tamanho;
O peso da arruela pequena é a metade da grande;
O peso do material que sobra (interno e externo) é igual ao da arruela pequena;
O corte de ambas é feito ao mesmo tempo por uma prensa que custou para a empresa o valor de R$ 3.400.000,00 e que tem sua vida útil estimada em 10.000 horas, essa máquina corta em média 600 arruelas de cada tipo por hora;

A mão-de-obra direta de certo período foi de R$ 260.000,00 mas não é possível separar quanto pertence a grande nem a pequena, já que ambas são produzidas conjuntamente;

Foram consumidos nesse período, 72.000kg de matéria-prima, ao custo de R$ 12,00 cada kg.

Os custos indiretos do departamento e incluídos os rateados para ele totalizaram R$ 148.800,00.

As sobras de material são normalmente vendidas ao mercado ao preço de R$ 3,00 / kg;

Após essa fase de corte, as arruelas são enviadas para outra empresa, que as niquila e embala, devolvendo à primeira já prontas para venda. A niqueladora cobra R$ 8,00 / kg. de arruela pelo trabalho todo, incluindo transporte e embalamento;

O material de embalagens é fornecido pelo fabricante de arruelas. As embalagens são: uma caixa que custa R$ 2,00 e R$ 1,50 (para arruelas grandes e pequenas respectivamente), cabendo 50 unidades de cada uma;

**No departamento B apresenta a seguinte situação e estrutura:**

O departamento industrializa três tipos de parafusos para equipamentos pesados (grande, médio e pequeno;

Com 1 (um) kg. De matéria-prima produz um parafuso de cada tamanho, sabendo que o grande consome 80% a mais de matéria-prima do que o médio, já o pequeno consome a metade de matéria-prima do médio, a sobra dos três produtos juntos somam 1%;

Durante o período (um mês) foram consumidor 75 toneladas de matéria-prima, a um custo de R$ 28,00 cada kg.

O custo fixo (indireto) do departamento do período soma a quantia de R$ 137.800,00;

A mão-de-obra direta empregada na produção dos três produtos somam a quantia de R$ 135.590,00;

As embalagens utilizadas são: caixa grande, média e pequena, sendo o custo R$ 2,80, R$ 2,40, R$ 2,20 respectivamente;

As sobras de matéria-prima (1%) do departamento B, são destinadas a uma entidade beneficiente que as vende e fica com a receita;

No setor de parafusos (departamento B) são utilizados 3 máquinas que custaram cada uma o valor de R$ 1.200.000,00 e sua vida útil é de 10.000 horas, sendo que cada máquina produz 500 unidades por hora, independente do tamanho do parafuso;

**Outras informações:**
- As compras de matéria-prima são no Estado de São Paulo;
- As vendas da empresa são destinadas 50% para o Estado de São Paulo e o restante para outros Estados da federação (12%);
- A margem de lucro pretendido pela empresa é de 10%;
- A comissão sobre vendas é de 2%;
- A indústria trabalha no sistema CIF onde a taxa média utilizada é de 1%;
- Todas as compras da empresa são a prazo, sendo médio de 30 dias;
- O estoque de matéria-prima da empresa é para um período de 20 dias;
- O estoque de produtos acabados da empresa é de 12 dias;
- O ciclo produtivo da empresa é de 4 dias;
- O estoque de embalagens é para um período de 45 dias;
- As vendas são a prazo a um prazo médio de 30 dias;
- Os recursos próprios da empresa encontrados no balanço da empresa destinados ao apoio das necessidades de capital de giro é de R$ 122.600,00.
- As necessidades mínimas da empresa para manter eventuais despesas e imprevistos é de 4%.

**Obs.1:** A base de cálculo dos dados do presente estudo de caso, refere-se ao período de 30 dias;

**Obs.2:** O capital total investido na empresa corresponde ao valor de R$ 15.500.000,00 (quinze milhões e quinhentos mil reais), sabendo que está assim distribuído:
- capital próprio................R$   10.000.000,00;
- capital de terceiros ........R$    5.500.000,00;
Total................................R$   15.500.000,00.

O diretor executivo da empresa solicitou ao contador de custos o planejamento das atividades da empresa para o período de 30 dias, visando obter as seguintes informações:

**Pede-se:**
1- Qual é o valor do lucro operacional do departamento A no período período?
2- Qual é o lucro operacional total da empresa nesse período?

### Resolução do estudo

**Departamento A – Arruelas.**
Arruelas grandes  240.000 x 150g = 36.000kg
- produção = 72.000kg / 300g =
Arruelas pequenas 240.000x  75g =  18.000kg
- **custo matéria-prima** unitário
- arruela grande 150g x R$ 12,00kg = R$ 1,80
- arruela pequena 75gx R$ 12,00kg = R$ 0,90
- **desperdício**
- 75g x R$ 12,00 = R$ 0,90 — grande = R$ 0,60 —— pequena = R$ 0,30
- **mão-de-obra direta**
- r$ 260.000,00 / 3 = pequena R$ 86.667,00 / 240.000 = **R$ 0,36** grande R$ 173.333,00 / 240.000 = R$ 0,72
- **depreciação máquina de corte**
- R$ 3.400.000,00 / 10.000 horas = 340,00 / 600 unidades = 0,5667 sendo: pequena = R$ 0,19 – grande R$ 0,38
- **Custos indiretos**
- R$ 148.800,00 / 3 = pequena R$ 49.600,00 / 240.000  = R$ 0,21 — grande R$ 99.200,00 / 240.000 = R$ 0,41
- **Niquelar a produção**
- Pequena R$ 8,00 x 75 g = R$ R$ 0,60 — grande R$ 8,00 x 150g = R$ 1,20
- **Embalagens**
- Pequena R$ 1,50 / 50 = R$ 0,03 —— grande R$ 2,00 / 50 = R$ 0,04

- **Resumo de custos do departamento A**

| Item | Discriminação | Arruelas peq. | Arruelas gr. |
|---|---|---|---|
| 1 | Preço de vendas | 3,47 | 6,91 |
| 2 | Custos | | |
| | - matéria-prima | 0,90 | 1,80 |
| | - desperdício | 0,30 | 0,60 |
| | (-) crédito de ICMS | (0,22) | (0,43) |
| | - mão-de-obra direta | 0,36 | 0,72 |
| | - depreciação da máq. de corte | 0,19 | 0,38 |
| | - niquelar as arruelas | 0,60 | 1,20 |
| | - embalagens | 0,03 | 0,04 |
| | - custos indiretos | 0,21 | 0,41 |
| | - C.V.V (15+0,65+3+2+1)21,65% | 0,75 | 1,50 |
| | Custo total unitário | 3,12 | 6,22 |
| 3 | Lucro unitário | 0,35 | 0,69 |

Departamento B – Parafusos

Produção
- P. Grande = 25.000 unidades / mês
- P. médio = 25.000 unidades / mês
- P. pequeno = 25.000 unidades / mês

- **custo da matéria-prima unitária**
- P. grande 540g + 5,4g = 545,4g x R$ 28,00 = R$ 15,27
- P. médio 300g + 3,0g = 303g x R$ 28,00 = R$ 8,48
- P. pequeno 150g + 1,6 = 151,6g x R$ 28,00 = R$ 4,25
- **Embalagens**
- P. grande R$ 2,80 / 50 = R$ 0,06
- P. médio R$ 2,40 / 50 = R$ 0,05
- P. pequeno R$ 2,20 / 50 = R$ 0,04
- **mão-de-obra direta**
- R$ 135.590,00 sendo 54,54% para o grande, 30,2% para o médio e 15,3% para o pequeno.
- P. grande R$ 73.896,55 / 25.000 unidades = R$ 2,96
- P. médio R$ 40.948,18 / 25.000 unidades = R$ 1,64
- P. pequeno R$ 20.745,27 / 25.000 unidades = R$ 0,83
- **Custos indiretos**
- P. grande R$ 137.800,00 x 54,5% = 75.101,00 / 25.000 = R$ 3,00

- P. médio R$ 137.800,00 x 30,2% = 41.615,60 / 25.000 = R$ 1,66
- P. pequeno R$ 137.800,00 x 15,3% = 21.083,40 / 25.000 = R$ 0,84

> **Observação**
> Vários são os critérios para se distribuir ou ratear os custos indiretos, cada profissional utiliza aquele que mais é conveniente para a empresa, nesse caso o departamento B nós usamos como critério o custo unitário da matéria-prima.

### Resumo de custos do departamento B

| Item | Discriminação | P. grande | P. médio | P. pequeno |
|---|---|---|---|---|
| 1 | - Preço de vendas | 27,13 | 15,07 | 7,61 |
| 2 | - Custos | | | |
| | - matéria-prima | 15,27 | 8,48 | 4,25 |
| | - (-) crédito de ICMS | (2,75) | (1,53) | (0,76) |
| | - mão-de-obra direta | 2,96 | 1,64 | 0,83 |
| | - embalagens | 0,06 | 0,05 | 0,04 |
| | - custos indiretos | 3,00 | 1,66 | 0,84 |
| | - C. V. Vendas (21,65%) | 5,87 | 3,26 | 1,65 |
| | - custo total | 24,41 | 13,56 | 6,85 |
| 3 | Lucro unitário (operacional) | 2,72 | 1,51 | 0,76 |

- **Resultado operacional dos departamento A e B.**

| Item | Discriminação | Departamento A | Departamento B |
|---|---|---|---|
| 1 | Receita total | 2.491.200,00 | 1.245.250,00 |
| 2 | Custo total | 2.241.600,00 | 1.120.500,00 |
| 3 | Lucro operacional | 249.600,00 | 124.750,00 |
| 4 | Lucro operacional total (departamentos: A + B) | | 374.350,00 |

## 8.2 Estudos de casos para resolver

Com o objetivo de auxiliar no aprendizado na identificação dos custos de uma empresa, elaboramos um conjunto de estudos de caso, como segue:

### Estudo de caso - 01

A empresa Indústria e Comércio Bem Viver LTDA. Trabalha na industrialização e comercialização dos produtos **X**, **Y** e **Z** e apresenta as seguintes características:

1) As instalações físicas da empresa são:
- Administração (escritório, recepção etc.) 180 m2;
- Almoxarifado (depósito).......................... 220 m2;
- Produção (departamentos)...................... 420 m2;
- a) departamento 1 = 120 m2
- b) departamento 2 = 160 m2
- c) departamento 3 = 140m2.

2) O valor do imóvel sede da empresa é de R$ 1.200.000,00 (um milhão e duzentos mil reais) e esse é o terceiro ano que a indústria está em funcionamento nesta sede, ou seja, o prédio sofreu depreciação de 2 (dois) anos após a sua construção, sabe-se que a taxa correspondente a depreciação é de 4% ao ano.

3) A estrutura administrativa apresenta as seguintes características:
- 2 (dois) diretores com uma retirada mensal de R$ 4.000,00 de cada um;
- 2 (duas) secretárias, sendo uma para cada diretor com um salário mensal de R$ 680,00 cada;
- 1 (um) contador com salário mensal de R$ 2.500,00;
- 4 (quatro) auxiliares de escritório com um salário mensal de R$ 850,00 cada;
- 1 (uma) funcionária na cantina com salário mensal de R$ 300,00;

- Encargos sociais sobre salários de 65% e 105 sobre a retirada dos diretores;

4) O processo produtivo da empresa obedece os seguintes passos:
- departamento 1 – corte da matéria-prima;
- departamento 2 – montagem dos produtos;
- departamento 3 – acabamento (pintura, limpeza, embalagens);

5) Trabalham na produção o seguinte:
- No departamento 1 trabalham 8 funcionários com um salário médio mensal de R$ 420,00 cada um;
- No departamento 2 trabalham 26 funcionários com um salário médio mensal de R$ 500,00 cada um;
- No departamento 3 trabalham 20 funcionários com um salário médio mensal de R$ 420,00 cada um;
- A empresa conta com um gerente geral da produção com um salário mensal de R$ 1.800,00.

6) Os investimentos efetuados em máquinas, equipamentos, instalações da fábrica foram adquiridos no inicio das atividades na sede atual e custaram R$ 3.600.000,00 (três milhões e seiscentos mil reais). Esses equipamentos sofreram uma depreciação de 2 anos a uma taxa de 10% ao ano;

7) A capacidade de produção instalada é:
- Produto X = 3.000 unidades mês;
- Produto Y = 2.600 unidades mês;
- Produto Z = 2.000 unidades mês;

**Observação**
Todas as máquinas produzem os mesmos produtos, ou seja, não há necessidade de um produto ser produzido por uma máquina específica.

8) Para produzir uma unidade de cada produto, consome-se o seguinte:

| Discriminação | Produto X | Produto Y | Produto Z |
|---|---|---|---|
| Matéria-prima alfa | 800 gramas | 600 gramas | 900 gramas |
| Matéria-prima beta | 200 gramas | 300 gramas | 300 gramas |
| Matéria-prima goma | 100 gramas | 200 gramas | 200 gramas |

O preço de compra da matéria-prima é:
- Alfa... R$ 8,00 por Kg;
- Beta R$ 10,00 por kg;
- Goma R$ 9,00 por kg.

O material secundário empregado na produção é:
- Produto X = R$ 1,20 por unidade;
- Produto Y = R$ 1,10 por unidade;
- Produto Z = R$ 1,30 por unidade.

As embalagens para os produtos custam:
- Produto X = R$ 0,90 por unidade;
- Produto Y = R$ 0,80 por unidade;
- Produto Z = R$ 0,70 por unidade.

**Pede-se:**
1) Qual é o custo de produção de cada unidade produzida?
2) Qual é o custo total de produção mensal, trabalhando com 100% da capacidade instalada?

**Estudo de caso - 02**

A empresa IBURAMA com. e ind. Ltda. Trabalha com os produtos: A, B e C, e tem controle de custos através do método de custeio direto, e apresenta a seguinte estrutura:

Programa de produção:

| Produto | Produção mensal | Preço de vendas |
|---|---|---|
| A | 2.200 | 18,00 |
| B | 2.300 | 18,90 |
| C | 2.100 | 20,60 |

- As compras de matéria-prima e embalagens são no Estado de Minas Gerais, já às vendas são 50% para o estado de S. Paulo e 50% para Minas Gerais.
- A empresa trabalha no sistema FOB 2%.

| Produto | matéria-prima | embalagens | custo fixo unit. |
|---------|---------------|------------|------------------|
| A | 3,80 | 1,00 | 1,40 |
| B | 3,60 | 0,90 | 1,50 |
| C | 4,00 | 1,10 | 1,40 |

- A mão-de-obra direta é: produto A = 1,10, produto B = 0,90, produto C = 1,00
- Todas as máquinas produzem todos os produtos, sabe-se que o fornecedor de matéria-prima trabalha no sistema CIF 1%.
- A empresa efetuou uma pesquisa de mercado e constatou que os produtos só poderão serem vendidos pelo preço seguinte:

Produto A = 17,10
Produto B = 18,00
Produto C = 19,00

- Uma das máquinas da empresa que tem a capacidade de produção de 2.000 unidades por mês está com problemas e deve ficar 15 dias sem produzir.
- A empresa gostaria de manter a lucratividade desejada, em função disso busca novos fornecedores de matéria-prima e embalagens.

**Pede-se:**
1 - Qual é o custo meta de cada produto (A, B e C)?
2 - Qual é a lucratividade esperada pela empresa?
3 - Qual é a produção de cada produto da empresa?
4 - Para conseguir o lucro esperado, sabe-se que a empresa pode conseguir uma redução de 10% no custo fixo, o restante caso seja necessário, deve ser com a redução no preço da matéria-prima e nas embalagens mantendo a mesma proporção do custo com a redução. Qual é o custo da matéria-prima de cada produto e da embalagem de cada produto?

# Estudo de caso - 03

A empresa Indústria e Comércio Bela Vista Ltda. Trabalha com os produtos A, B e C e apresenta as seguintes características:
**Programa de produção mensal**:
Produto A = 1.200 unidades
Produto B = 1.400 unidades
Produto C = 1.100 unidades

Cada produto tem sua produção total em um departamento, como segue:
Produto A - departamento 1 com 280 m2
Produto B - departamento 2 com 300 m2
Produto C - departamento 3 com 260 m2

Para produzir uma unidade de cada produto, consome-se o seguinte:

| Discriminação | Produto A | Produto B | Produto C |
|---|---|---|---|
| - matéria-prima alfa | 3,60 | 3,90 | 2,80 |
| - matéria-prima beta | 2,90 | 3,00 | 2,60 |
| - embalagens | 0,90 | 1,10 | 1,10 |
| - mão-de-obra direta | 1,60 | 1,70 | 1,40 |

As compras de matéria-prima alfa e beta, são no estado de São Paulo (12%), já as embalagens são no de Minas Gerais (18%).

As vendas são: 50% para Minas Gerais (18%) e 50% para outros estados (12%).

O custo fixo mensal da empresa é de R$ 12.400,00.

Todas as vendas são efetuadas por intermédio de representantes que ganham uma comissão de 4%.

O gerente administrativo tem como remuneração adicional uma participação nas vendas de 0,35%.

O preço de vendas determinado pela empresa é o seguinte:
Produto A = R$ 15,47
Produto B = R$ 15,83
Produto C = R$ 13,78

Uma pesquisa encomendada pela empresa constatou que os produtos só poderão ser vendidos pelo seguinte preço:

Produto A = R$ 14,90
Produto B = R$ 15,00
Produto C = R$ 13,00

O diretor presidente da empresa determinou que o lucro em reais pôr unidade vendida de cada produto, deve ser o mesmo definido no preço pretendido pela empresa.

Partindo das informações do estudo de caso, sabendo que você é o contador da empresa responda as perguntas:

01- Qual é a margem de lucro em % pretendida pela empresa no seu preço de vendas?
a) 12%
b) 14%
c) 13%
d) 12,5%
e) 13,5%
f) N.D.A

02- Qual é o lucro unitário de cada produto (A,B,C) em reais pretendido pela empresa?
a) 1,86 - 1,90 - 1,65
b) 2,01 - 2,06 - 1,79
c) 2,17 - 2,22 - 1,93
d) 1,93 - 1,98 - 1,72
e) 2,09 - 2,14 - 1,86
f) N D A

03- Qual é o custo meta unitário dos produtos A,B,C ?
a) 12,81 - 12,86 - 11,14
b) 12,97 - 13,02 - 11,28
c) 12,73 - 12,78 - 11,07
d) 12,89 - 12,94 - 11,21
e) 13,04 - 13,10 - 11,35
f) N D A

04- Qual é o custo total unitário interno dos produtos A,B,C ?
a) 13,46 - 13,77 - 11,99
b) 9,90 - 10,13 - 8,82
c) 13,46 - 10,13 - 11,99
d) 11,99 - 9,90 - 10,20
e) 11,99 - 13,77 - 8,82
f) N D A

05- Visando adequar o custo interno ao custo meta, a diretoria da empresa, pretende reduzir o custo da matéria-prima alfa para solucionar o problema e manter a lucratividade. Com essa informação o contador deve informar ao diretor da empresa a que preço ele deve adquirir a matéria-prima dos produtos A,B,C.
a) 2,33 - 2,17 - 1,82
b) 3,03 - 2,17 - 1,82
c) 2,82 - 3,07 - 2,23
d) 2,82 - 2,17 - 2,02
e) 3,03 - 3,07 - 2,02
f) N D A

06- Qual é a redução necessária para adequar o custo interno ao custo meta do produto A?
a) 0,78
b) 0,83
c) 0,57
d) 0,76
e) 0,80
f) N D A

## Estudo de Caso - 04

Uma determinada empresa produz quatro produto A, B, C, e D, cuja capacidade de produção é a seguinte:
- Produto A = 30.000 unidades mensais
- Produto B = 20.000 unidades mensais
- Produto C = 30.000 unidades mensais
- Produto D = 20.000 unidades mensais

No estudo de mercado efetuado pela empresa, constatou-se que a mesma possui condições para colocar seus produtos nos Estados de São Paulo, Minas Gerais e Goiás.

- São Paulo poderá absorver:
  Produto A 10.000 unidades mensais a R$... 4,00 cada uma
  Produto B  5.000 unidades mensais a R$... 4,50 cada uma
  Produto C  8.000 unidades mensais a R$... 3,80 cada uma
  Produto D  6.000 unidades mensais a R$... 4,60 cada uma
- Minas Gerais poderá absorver:
  Produto A 15.000 unidades mensais a R$... 3,80 cada uma
  Produto B 12.000 unidades mensais a R$... 4,50 cada uma
  Produto C 20.000 unidades mensais a R$... 4,00 cada uma
  Produto D 10.000 unidades mensais a R$... 4,00 cada uma
- Goiás poderá absorver:
  Produto A 12.000 unidades mensais a R$... 4,20 cada uma
  Produto B 10.000 unidades mensais a R$... 5,00 cada uma
  Produto C 12.000 unidades mensais a R$... 3,80 cada uma
  Produto D 15.000 unidades mensais a R$... 4,10 cada uma

Os custos Variáveis são:
Produto A = 3,20 cada unidade
Produto B = 3,50 cada unidade
Produto C = 3,30 cada unidade
Produto D = 3,00 cada unidade

O custo de transporte de cada produto para cada um dos mercados consumidores é o seguinte:

Para São Paulo .. Produto A = R$... 0,15
                  Produto B = R$... 0,20
                  Produto C = R$... 0,10
                  Produto D = R$... 0,15
Para Minas ........ Produto A = R$... 0,12
                  Produto B = R$... 0,16
                  Produto C = R$... 0,20
                  Produto D = R$... 0,10
Para Goiás.......... Produto A = R$... 0,14
                  Produto B = R$... 0,18
                  Produto C = R$... 0,25
                  Produto D = R$... 0,20

O custo de transporte corre por conta da empresa fabricante (CIF) e não está incluído nos custos variáveis.

O custo fixo mensal da empresa é de R$.. 30.000,00 (trinta mil reais).

**Pede-se:**
1- Quanto eu devo vender para os mercados de São Paulo, Minas e Goiás, do produto C respectivamente?
a) 4.000    20.000    6.000
b) 6.000    20.000    4.000
c) 12.000   8.000     10.000
d) 8.000    10.000    12.000
e) N.D.A.

2- Caso a empresa resolva a trabalhar só com o mercado de Goiás, observando as condições mercadológicas e sua estrutura, pergunto eu: qual o ponto de equilíbrio da empresa em unidades dos produtos A, B, C, e D respectivamente?
a) 8.880 - 7.400 - 8.880 - 11.100
b) 8.996 - 7.496 - 8.996 - 11.244
c) 7.496 - 8.996 - 7.496 - 11.224
d) 8.996 - 7.496 - 8.996 - 10.310
e) N.D.A.

3- Qual a margem de contribuição unitária no Estado do Goiás dos produtos D,C,B,A respectivamente?
a) 0,90 - 0,86 - 1,32 - 0,25
b) 0,86 - 1,32 - 0,25 - 0,90
c) 1,32 - 0,86 - 0,90 - 0,25
d) 0,90 - 0,25 - 1,32 - 0,86
e) N.D.A.

**Estudo de caso - 05**

Uma determinada empresa fabrica, em um departamento, dois tipos de arruelas: grande e pequena.

Com 300 gramas de matéria-prima produz uma de cada tamanho;

O peso da arruela pequena é a metade da grande;

O peso do material que sobra (interno e externo) é igual ao da arruela pequena;

Foram consumidos nesse período, 72.000kg de matéria-prima, ao custo de R$ 12,00 cada kg.

Os custos indiretos do departamento e incluídos os rateados para ele totalizaram R$ 148.800,00.

As sobras de material são normalmente vendidas ao mercado ao preço de R$ 3,00 / kg;

Após essa fase de corte, as arruelas são enviadas para outra empresa, que as niquila e embala, devolvendo à primeira já prontas para venda. A niqueladora cobra R$ 8,00 / kg. de arruela pelo trabalho todo, incluindo transporte e embalamento;

O material de embalagens é fornecido pelo fabricante de arruelas. As embalagens são: uma caixa que custa R$ 2,00 e R$ 1,50 (para arruelas grandes e pequenas respectivamente), cabendo 50 unidades de cada uma;

**Outras informações:**
- As compras de matéria-prima são no Estado de São Paulo;
- As vendas da empresa são destinadas 50% para o Estado de São Paulo e o restante para outros Estados da federação (12%);
- A margem de lucro pretendido pela empresa é de 12%;
- A comissão sobre vendas é de 2%;
- A indústria trabalha no sistema CIF onde a taxa é de 1%
- Todas as compras da empresa são a prazo, sendo médio de 30 dias;
- O estoque de matéria-prima da empresa é para um período de 20 dias;
- O estoque de produtos acabados da empresa é de 12 dias;
- O ciclo produtivo da empresa é de 4 dias;
- O estoque de embalagens é para um período de 45 dias;
- As vendas são a prazo a um prazo médio de 30 dias;
- Os recursos próprios da empresa encontrados no balaço da empresa é de R$ 22.600,00.
- As necessidades mínimas da empresa é de 4%.

> **Observação**
> A base de cálculo dos dados do presente estudo de caso, refere-se ao período de 30 dias;

O diretor executivo da empresa solicitou ao contador de custos o planejamento das atividades da empresa para o período de 45 dias, visando obter as seguintes informações:
a) Elabore o resumo de receitas e custos para o período de 45 dias?
b) Qual é o valor do lucro operacional da empresa nesse período?
c) Quais são as necessidades adicionais de capital de giro para o período de 30 dias?
d) Um aumento na produção de 12% provocaria um aumento nas necessidades adicionais de capital de giro de quanto?

### Estudo de caso - 06

A empresa Indústria e Comércio Bela Vista Ltda. Trabalha com os produtos A, B e C e apresenta as seguintes características:
**Programa de produção mensal:**
Produto A = 1.300 unidades
Produto B = 1.500 unidades
Produto C = 1.300 unidades
Cada produto tem sua produção total em um departamento, como segue:
Produto A - departamento 1 com 280 m2
Produto B - departamento 2 com 300 m2
Produto C - departamento 3 com 260 m2
Para produzir uma unidade de cada produto, consome-se o seguinte:

| Discriminação | Produto A | Produto B | Produto C |
|---|---|---|---|
| - matéria-prima alfa | 3,60 | 3,90 | 2,80 |
| - matéria-prima beta | 2,90 | 3,00 | 2,60 |
| - embalagens | 0,90 | 1,10 | 1,10 |
| - material secundário | 1,20 | 1,30 | 1,40 |
| - mão-de-obra direta | 1,60 | 1,70 | 1,40 |

As compras de matéria-prima alfa e beta, são no estado de São Paulo (12%), já as embalagens são no de Minas Gerais (18%).
As embalagens não tem crédito de ICMS.
As vendas são: 50% para Minas Gerais (18%) e 50% para outros estados (12%).
O custo fixo mensal da empresa é de R$ 14.400,00.
Todas as vendas são efetuadas por intermédio de representantes que ganham uma comissão de 4%.
O gerente administrativo tem como remuneração adicional uma participação nas vendas de 0,35%.
O preço de vendas determinado pela empresa é considerando uma lucratividade de 14,5%.
Uma pesquisa encomendada pela empresa constatou que os produtos só poderão ser vendidos pelo seguinte preço:
Produto A = R$ 16,90
Produto B = R$ 16,00
Produto C = R$ 15,00
O diretor presidente da empresa determinou que o lucro em reais pôr unidade vendida de cada produto, deve ser o mesmo definido no preço pretendido pela empresa.
Partindo das informações do estudo de caso, sabendo que você é o contador da empresa responda as perguntas:
01- Qual é a margem de lucro em % vendendo pelo preço de mercado ?
02- Qual é o preço de vendas considerando a taxa em % desejada pela empresa?
03- Qual é o ponto de equilíbrio da empresa?
04- Qual é a redução caso seja necessária em cada produto para a empresa vender no preço de mercado e manter a lucratividade?

**Estudo de caso - 07**

A indústria e comércio de caixas térmicas Proteção LTDA, trabalha com a industrialização e comercialização de produtos derivados de poliestireno expandido e apresenta a seguinte estrutura:

O custo fixo mensal da empresa é de R$.. 37.800,00

As compras de matéria-prima poliestirena são efetuadas 50% no estado de São Paulo e 50% no Estado do Rio de Janeiro.

A empresa industrializa diversos produtos, que alteram em função do mercado consumidor, mas para efeito de planejamento do lucro distribuí-se toda a produção nos três principais produtos, sendo:

a) caixas térmicas grande (CT-1)
b) caixas térmicas médias (CT-2)
c) caixas térmicas pequenas (CT-3)

A mão-de-obra direta da empresa mensal é de R$ 5.590,00

A empresa apresenta os seguintes departamentos:

a) departamento da administração 360 m2
b) departamento de almoxarifado 200 m2
c) departamento de produção expansão da matéria-prima 200 m2
d) departamento de combustão (caldeiras) 120 m2
e) departamento de montagem e prensa 210 m2
f) departamento de acabamento 190 m2

As vendas da empresa são 50% para o Estado de Minas e 50% para os demais Estados da federação.

Com um kg de matéria-prima (poliestireno) industrializa-se uma caixa de cada tipo, sabendo que a caixa grande consome 80% mais de matéria-prima da caixa média e a pequena gasta a metade da matéria-prima da média, o desperdício de matéria-prima das três caixas juntas corresponde a 1%.

A capacidade de produção da empresa é de 25 toneladas de matéria prima mês, distribuídos nos produtos citados.

PIS = 0,65% COFINS = 3% lucro pretendido pela empresa 8%

O custo de cada kg de poliestireno é de R$ 28,00

A empresa trabalha sistema CIF 1%.

Cada caixa grande recebe um enfeite que custa R$ 0,12. O enfeite não tem crédito de ICMS.

O custo com energia nas caldeiras (lenha para combustão) representa o seguinte: caixa grande R$ 0,02 por unidade, caixa média R$ 0,01 por unidade e caixa pequena R$ 0,01 por unidade.

**Questões:**

01- Qual é o preço de vendas dos produtos P, M, G respectivamente?
a) 20,76 – 11,55 – 20,76
b) 8,12 – 10,60 – 19,40
c) 11,55 – 12,10 – 20,76
d) 5,85 – 11,70 – 21,24
e) N. D. A

02- Qual é o custo variável de vendas dos produtos G, M e P?
a) 1,40 – 2,62 – 1,40
b) 1,84 – 2,40 – 4,39
c) 2,67 – 2,74 – 4,70
d) 5,02 – 2,77 – 1,38
e) N D A

03- Qual é a produção total da empresa em caixas dos produtos GMP?
a) 75.000 caixas
b) 25.000 caixas
c) 50.000 caixas
d) 40.000 caixas
e) N D A

04- Qual é o lucro unitário de cada caixa G, M, P, respectivamente?
a) 2,24 – 1,38 – 3,11
b) 1,70 – 0,93 – 0,47
c) 1,38 – 243 – 3,20
d) 4,05 – 2,90 – 3,10
e) N D A

05- Quais são os dois produtos que apresentam uma maior margem de contribuição em percentual do seu preço de vendas, em ordem decrescente?
a) G – M
b) M – P
c) G – P
d) P – G
e) N D A

## Estudo de caso - 08

A empresa Indústria e Comércio Bem Viver LTDA. Trabalha na industrialização e comercialização dos produtos X, Y e Z e apresenta as seguintes características:

1) As instalações físicas da empresa são:
- Administração (escritório, recepção etc.) 180 m2;
- Almoxarifado (depósito).......................... 220 m2;
- Produção (departamentos)..................... 420 m2;
  a) departamento 1 = 120 m2
  b) departamento 2 = 160 m2
  c) departamento 3 = 140m2.

2) O valor do imóvel sede da empresa é de R$ 1.200.000,00 (um milhão e duzentos mil reais) e esse é o terceiro ano que a indústria está em funcionamento nesta sede, ou seja, o prédio sofreu depreciação de 2 (dois) anos após a sua construção, sabe-se que a taxa correspondente a depreciação é de 4% ao ano.

3) A estrutura administrativa apresenta as seguintes características:
- 2 (dois) diretores com uma retirada mensal de R$ 4.000,00 de cada um;
- 2 (duas) secretárias, sendo uma para cada diretor com um salário mensal de R$ 680,00 cada;
- 1 (um) contador com salário mensal de R$ 2.500,00;
- 4 (quatro) auxiliares de escritório com um salário mensal de R$ 850,00 cada;
- 1 (uma) funcionária na cantina com salário mensal de R$ 300,00;
- Encargos sociais sobre salários de 65% e 10% sobre a retirada dos diretores;

4) O processo produtivo da empresa obedece os seguintes passos:
- departamento 1 – corte da matéria-prima;
- departamento 2 – montagem dos produtos;
- departamento 3 – acabamento (pintura, limpeza, embalagens);

5) Trabalham na produção o seguinte:
- No departamento 1 trabalham 8 funcionários com um salário médio mensal de R$ 420,00 cada um;
- No departamento 2 trabalham 26 funcionários com um salário médio mensal de R$ 500,00 cada um;
- No departamento 3 trabalham 20 funcionários com um salário médio mensal de R$ 420,00 cada um;
- A empresa conta com um gerente geral da produção com um salário mensal de R$ 1.800,00.

6) Os investimentos efetuados em máquinas, equipamentos, instalações da fábrica foram adquiridos no inicio das atividades na sede atual e custaram R$ 3.600.000,00 (três milhões e seiscentos mil reais). Esses equipamentos sofreram uma depreciação de 2 anos a uma taxa de 10% ao ano;

7) A capacidade de produção instalada é:
- Produto X = 3.000 unidades mês;
- Produto Y = 2.600 unidades mês;
- Produto Z = 2.000 unidades mês;

**Observação**
Todas as máquinas produzem os mesmos produtos, ou seja, não há necessidade de um produto ser produzido por uma máquina específica.

8) Para produzir uma unidade de cada produto, consome-se o seguinte:

| Discriminação | Produto X | Produto Y | Produto Z |
|---|---|---|---|
| Matéria-prima alfa | 800 gramas | 600 gramas | 900 gramas |
| Matéria-prima beta | 200 gramas | 300 gramas | 300 gramas |
| Matéria-prima goma | 100 gramas | 200 gramas | 200 gramas |

O preço de compra da matéria-prima é:
- Alfa... R$ 8,00 por kg;
- Beta R$ 10,00 por kg;
- Goma R$ 9,00 por kg.

O material secundário empregado na produção é:
- Produto X = R$ 1,20 por unidade;
- Produto Y = R$ 1,10 por unidade;
- Produto Z = R$ 1,30 por unidade.

As embalagens para os produtos custam:
- Produto X = R$ 0,90 por unidade;
- Produto Y = R$ 0,80 por unidade;
- Produto Z = R$ 0,70 por unidade.

9) A empresa trabalha num regime de um turno de 8 horas diárias, sendo 22 dias no mês. O processo produtivo da saída da matéria-prima do almoxarifado até o produto acabado demora 2 dias.

10) Outras informações:
- As compras de matéria-prima e material secundário são 50% no Estado e 50% em outros estados da Federação (18% e 12%);
- As embalagens são adquiridas todas fora do Estado, porém a empresa não aproveita o crédito de ICMS;
- As vendas são distribuídas da seguinte forma:
  a) 30% para dentro do Estado (alíquota de 18%);
  b) 20% para os Estados da Amazonia legal (alíquota de 7%);
  c) 50% para outros Estados da federação (alíquota de 12%);
- A empresa trabalha com uma equipe de representantes que recebem a título de comissão sobre as vendas de 4%;
- Os encargos tributário sobre as vendas são:
  a) ICMS,
  b) PIS = 0,65%;
  c) COFINS = 3%;
- O lucro líquido esperado pela direção da empresa é de 8%;
- O prazo médio nas compras é de 30 dias, sabendo que no total das compras de matéria-prima, material secundário e embalagens 80% são a prazo;
- As vendas 100% são a prazo, sendo esse médio de 45 dias, onde 70% são descontadas em instituições financeira a uma taxa média de 6% ao mês;
- Os salários dos funcionários (fixo e variável) da empresa, são pagos no 5º dia útil do mês seguinte.

**Pede-se:**

01- Elabore o resumo de receitas e custos para um período de 30 dias, considerando 100% da capacidade da empresa.

02- Elabore o quadro das necessidades de capital de giro para um período de 30 dias.

03- Informe o valor das necessidades adicionais de capital de giro da empresa.

# 9. Uma Visão Global

Neste trabalho enfatizamos a gestão estratégica de custos como um componente essencial e importante no processo de planejamento global de uma empresa industrial.

Destacamos a sua aplicação teórica e prática como um componente importante no processo global da administração empresarial, visando atingir os objetivos determinados por uma administração estratégica eficiente, condição importante de uma economia globalizada. Insistimos particularmente: (1) na idéia de que a gestão de custos é importante na elaboração do planejamento operacional e este um direcionador capaz de auxiliar aos gestores na tomada de decisão, sendo um componente importante de uma administração estratégica, (2) na aplicação do método de custeio direto, (3) na elaboração de um planejamento operacional como parte importante na administração da empresa, (4) no planejamento das necessidades de capital de giro como fonte importante do planejamento, (5) na utilização das informações geradas pela contabilidade de custos como suporte de apoio nas decisões administrativas.

O objetivo deste capítulo é resumir algumas das implicações principais relacionadas com a gestão estratégica de custos.

## 9.1 Planejamento operacional participativo

Para que a administração seja eficiente, é necessário que esta tenha um planejamento operacional amplo, elaborado com a participação dos principais setores da empresa.

Após a diretoria da empresa definir os objetivos e metas principais, determinar a estratégia da empresa, a elaboração do planejamento participativo, torna possível um maior engajamento e uma conseqüência co-responsabilidade dos diversos setores da entidade na etapa posterior , ou seja, na execução do planejamento.

O planejamento participativo normalmente envolve grande dificuldade, por vários motivos. Em primeiro lugar, existe a tendência natural, pôr parte de muitas pessoas, de resistir a mudanças de qualquer espécie , exigidas pelo planejamento. Em segundo lugar, pôr causa do lamentável mau uso, a preparação do panejamento adquire conotações negativas para certas pessoas. Alguns supervisores podem inicialmente achar que o planejamento constitui mais um artifício pelo qual a administração pretende intensificar uma pressão indesejável. Em terceiro lugar, o uso do planejamento, quando encarado adequadamente, na execução, requer gasto de tempo e esforço pôr parte dos executivos, supervisores, encarregados etc. Esses motivos fazem com que a introdução de um programa de planejamento seja cuidadosamente considerado e realizado com inteligência, tornando-o imperativo.

### 9.2 Implantação de custos

Um dos principais problemas da implantação de um programa eficaz de planejamento e controle na execução desse, refere-se a necessidade da empresa Ter um sistema de custos capaz de gerar informações que auxiliem os gestores na tomada de decisão.

Além disso, à medida em que a empresa cresce, suas características modificam e o controle dos custo nem sempre acompanha.

No controle dos custos, tanto a contabilidade financeira, como na gerencial, deve haver adaptação à medida em que a empresa se desenvolve, buscando o aprimoramento das informações resultantes das atividades da empresa.

O método de custeio que recomendamos, para facilitar e contribuir na implementação e desenvolvimento do planejamento do capital de giro, é o método de custeio direto, pois este resulta em informações que auxiliam na administração.

## 9.3 Implantação de sistemas de controle

Durante a execução de um planejamento empresarial (estratégico - operacional) onde todas as partes deste são importantes, a dificuldade que normalmente surge, refere-se ao controle da execução deste planejamento.

O controle na execução é um fator importante para a gestão empresarial, pois, a medida que se controla as atividades planejadas, torna-se possível identificar as distorções ocorridas entre o planejado e o executado, podendo os gestores tomar medidas de correção.

A medida em que a equipe de controle detecta distorções e informa aos gestores para adotarem medidas de correção, o risco empresarial tende a diminuir.

Um ponto importante em qualquer planejamento é a existência de flexibilidade para adaptar-se as alterações conjunturais que o mundo globalizado oferece.

## 9.4 Contabilidade da economia digital

Com o crescente desenvolvimento da tecnologia da informação, aliado a globalização da economia, as empresas precisam estarem preparadas para ingressar no mundo das atividades comerciais via economia digital e em tempos onde a informação é primordial, o ingresso da empresa nas transações via digital é uma questão *sine qua não* para a sobrevivência da empresa.

Uma preocupação que deve-se ter na empresa que opera com transações via digital é a contabilização dessas atividades, visto que, um dos objetivos da contabilidade é o controle do patrimônio que sofre alterações a medida que os fatos contábeis vão ocorrendo.

A contabilização e o controle da economia digital é mais uma preocupação que deve-se ter no momento da elaboração e execução do planejamento empresarial.

## 9.5 Triunfo empresarial (plano completo)

Defendemos a posição de que para a empresa atingir o sucesso, ou seja, conseguir o triunfo empresarial, é necessário que essa tenha um plano completo, tendo seu inicio no momento em que os componentes da empresas tenham conciência da importância de um plano completo, tendo como fases principais as seguintes: (1) determinação do objetivo a ser conseguindo pela empresa; (2) elaboração de um diagnóstico empresarial para verificar onde a empresa se encontra; (3) implantação de um planejamento estratégico participativo, determinando onde se pretende chegar em que período de tempo; (4) implantação de sistemas de controle e qualidade para a empresa conseguir os resultados esperados; (5) Revisão constate das metas e objetivos pretendidos e alterados caso seja necessário.

# ÍNDICE REMISSIVO

## A

- ABC – Activity based costing, 62
- Alavancagem operacional e financeira, 92
- Alavancagem financeira, 94
- Alavancagem operacional, 93
- Análise das variáveis, 176
- Análise do perfil competitivo, 139
- Análise do ponto de equlíbrio, 99
- Análise estrutural de indústrias, 144
- Apresentação da empresa, 179
- Aspectos conceituais de custos e método de custeio, 25
- Atividades de apoio, 153
- Atividades primárias, 152

## B

- Busca de mais uma estratégia genérica, 148

## C

- Cadeia de valores, 151
- Cadeia de valor do comprador, 155
- Cadeia de valores e estratégia competitiva, 151
- Cadeia de valores e estrutura industrial, 158
- Cadeia de valores e estrutura organizacional, 158
- Cálculo da margem de lucro necessária, 86
- Cálculo da margem de lucro residual, 87
- Cálculo da previsão de vendas, 86
- Cálculo do capital de giro, 174

- Cálculo do percentual de lucro sobre as vendas, 87
- Categorias de decisões, 127
- Classificação das receitas, 98
- Classificação dos custos, 31
- Coalizões e escopo, 157
- Conceitos básicos de custos, 25
- Conceito de capital de giro, 172
- Conceito de planejamento, 111
- Conceito de ponto de equilíbrio, 100
- Conclusão do planejamento operacional, 198
- Condições básicas para o cálculo do ponto de equilíbrio, 103
- Contabilidade da economia digital, 251
- Custeamento por ordem de produção, 53
- Custeamento por processo, 51
- Custeio direto, 58
- Custeio por absorção, 55
- Custeio pleno, 60
- Custo de capital, 206
- Custo fixo, 183
- Custo interno, 77
- Custo-meta, 68, 77
- Custo padrão, 69
- Custos totais, 182
- Custos variáveis, 184
- Custos x capital de giro, 171

# D

- Definição da cadeia de valores, 153
- Delineamento do método de busca adaptativa para a formulação de estratégias, 131
- Desembolsos, 26
- Despesas, 27
- Determinação do ponto de equilíbrio, 199
- Determinação do preço no processo de planejamento, 76
- Determinação do capital operacional, 85
- Diferença entre custo e despesa, 27
- Do velho planejamento estratégico à moderna estratégia, 140

## E

- Elaboração do planejamento operacional, 179
- Elos dentro da cadeia de valores, 154
- Elos verticais, 155
- Escopo competitivo e cadeia de valores, 155
- Escopo competitivo e definição da empresa, 157
- Escopo da indústria, 157
- Escopo de segmento, 156
- Escopo geográfico, 156
- Escopo vertical, 156
- Estratégia competitiva: conceitos centrais, 137
- Estratégia competitiva genéricas, 145
- Estratégia corporativa, 139
- Estratégia corporativa e estratégia de negócios, 139
- Estratégia empresarial, 126
- Estratégia e lógica, 133
- Estratégia e o sucesso, 132
- Estratégia e planos, 162
- Estratégia genérica e processo de planejamento estratégico, 145
- Estratégia industrial e necessidades do comprador, 145
- Estratégia industrial e o equilíbrio entre oferta e procura, 145
- Estratégia moderna nas empresas, 132
- Estratégias genéricas e evolução da indústria, 150
- Estratégias genéricas e estrutura organizacional, 150
- Estrutura das decisões empresariais, 127
- Estrutura do livro, 15
- Estudos de casos para resolver, 230
- Estudos de casos resolvidos, 213
- Etapa de solução de problemas, 129
- Etapas da moderna estratégia, 141
- Etapas do planejamento, 118
- Exigências e antecedentes do novo método, 130

## F

- Finalidades da contabilidade de custos, 28
- Fluxo de caixa, 167

- Função do orçamento, 161

## G

- Gestão estratégica de custos, 75
- Gestão de custos e preços, 75
- Gráfico do ponto de equilíbrio, 101

## I

- Identificação das atividades relevantes, 66
- Implantação de custos, 250
- Implantação de sistema de controle, 251
- Importância do planejamento, 115
- Institucionalização do processo de planejamento, 116
- Integrações de categorias de decisões, 128
- Introdução à avaliação: o valor do dinheiro no tempo, 203
- Introdução, 19
- Investimentos, 27

## L

- Liderança de custos, 146

## M

- Margem de contribuição, 101, 190
- Métodos de custeio, 55
- Mensuração da receita, 97
- Modelo de determinação dos custos, 40
- Modelo de tomada de decisões estratégicas, 129
- Modelo direto real, 50
- Modelo indireto real, 46
- Modelo de planilha ou engenharia, 40
- Motivação e a tecnoestrutura, 125
- Motivação e perspectiva, 125

## N

- Natureza do planejamento industrial, 132
- Necessidades de capital de giro, 193
- Necessidades líquidas de capital de giro, 175
- Novo estado industrial, 119

## O

- Orçamento kaizen, 164
- Orçamentos, 159
- Origens de estratégias, 134
- O que sobrou do velho planejamento estratégico, 143

## P

- Participação dos empregados na formação de estratégia na empresa, 138
- Passos recomendados para o estabelecimento de metas de lucro, 84
- Planejamento das necessidades de capital de giro, 201
- Planejamento e determinação da margem de lucro, 83
- Planejamento empresarial, 111
- Planejamento financeiro, 164
- Planejamento operacional participativo, 249
- Planos financeiros a curto prazo, 165
- Planos financeiros a longo prazo, 165
- Ponto de equilíbrio, 191
- Ponto de equilíbrio para diversos produtos, 166
- Postura sobre o futuro, 140
- Princípios básicos da contabilidade de custos, 30
- Princípio da competência, 30
- Princípio da prudência, 31
- Princípio da realização da receita, 30
- Princípio da relevância, 31
- Princípio da uniformidade, 30

- Princípios gerais do planejamento, 113
- Projeção da receita para a empresa objeto de estudo, 182

## R

- Rateios, 21
- Receita, 95
- Resultado dos produtos industrializados, 200
- Retorno, 206
- Risco, 204
- Risco x retorno x custo de capital próprio, 203

## S

- Sistemas de custeamento, 51
- Situação desejável para a empresa, 136
- Sub-estratégia, 140
- Sucatas, 28
- Sustentabilidade, 149

## T

- Teoria de investimento de capitais, 129
- Terminologia, 26
- Tipos de ponto de equilíbrio, 104
- Tipos de atividades, 153

## V

- Valor de uma vantagem competitiva, 139
- Vantagem competitiva, 137
- Vantagem competitiva segundo Porter, 143
- Vantagens dos orçamentos, 162

# REFERÊNCIAS

AAA COMMITTEE ON ACCONTING CONCEPTS AND STANDARS. Accounting Financial statements and preceding statements and supplements. AAA, 1957.

ANSOFF, Higor. **Estratégia Empresarial**. São Paulo: Mcgraw-hill Ltda, 1977.

ANTHONY, Robert N. **Management accounting**: text and cases. 3 ed. Illinois:Richard D. Irwin Inc., 1964.

ANTHONY, Robert N. e WELSCH, Glenn A. **Fundamentais of management accounting.** 3 ed. Illinois: Richard D. Irwin, 1981.

ASSAF, Alexandre Neto e SILVA, César Augusto Tibúrcio. **Administração do Capital de Giro.** 2 ed. São Paulo: Atlas, 1997.

BERTI, Anélio. **Análise do capital de giro-teoria e prática**. São Paulo: Ícone, 1999.

_____.**Diagnóstico empresarial-teoria e prática.**São Paulo: Ícone, 2001.

BEUREN, Ilse Maria. Gestão estratégica de custos: arquitetura e conceitos. **Revista do Conselho de Contabilidade do Rio Grande do Sul**, Porto Alegre, 21(71): 30-39, out/dez., 1991.

_____. Gestão estratégica de custos: **Revista Do Conselho de Contabilidade do Rio Grande do Sul,** Porto Alegre, out./dez. 1992.

_____. **Gerenciamento da informação**: um recurso estratégico no processo de gestão empresarial. São Paulo: Atlas, 1998.

BIERMAN, Harold Jr. E DYCKMAN, Thomas R. **Managerial Emphasis**. New York, Macmillan, 1971.

BRAGA, Roberto. **Fundamentos e Técnicas de Administração Financeira.** São Paulo: Atlas, 1989.

CAMPIGLIA, Américo Osvaldo e CAMPIGLIA, Osvaldo Roberto P. **Controles e gestão: controladoria financeira das empresas.** São Paulo: Atlas, 1998.

CASHIN, James A. e POLIMENI, Ralph S. **Curso de contabilidade de custos**. São Paulo: Mcgraw-Hill, 1982.

CATELLI, Armando e GUERREIRO, Reinaldo. **Uma análise Crítica do Sistema ABC Activity-Basead Costing**. IOB 39/1994.

CATELLI, Armando; PEREIRA, Carlos Alberto; VASCONCELOS, Marco Tullio de Castro. **Processo de gestão e sistemas de informações gerenciais**. São Paulo: Atlas, 1999.

COBRA, Marcos. **Administração de Vendas.** 3 ed. São Paulo: Atlas, 1991. COGAN, Samuel. **Activity-based costing (ABC) - a poderosa estratégia empresarial**. 2 ed. São Paulo: Pioneira, 1995.

CRC-SP, **Custo como ferramenta gerencial**. São Paulo: Editora Atlas, 1995. DA LUZ, Odone Santos e ROCCHI, Carlos Antonio De. Estrutura e funcionamento dos sistemas de apuração e análise de custos. **Revista do CRC-RS** nº 93 abril/junho. 1998.

DI AGOSTINI, Carlos Alberto. **Capital de Giro - Análise das Alternativas e Fontes de Financiamento.** São Paulo: Atlas, 1996.

FIPECAFI Equipe de Professores da FEA/USP. **Contabilidade Introdutória**. 8 ed. São Paulo: Atlas, 1996.

FACHIN, Odília. **Fundamentos de Metodologia**. São Paulo: Atlas, 1993.

FLORENTINO, Américo Matheus **Custos, Princípios, Cálculo e Contabilização.** 8 ed. FGV, 1983.

FRANCO, Hilário. **Contabilidade Industrial**. 6 ed. EASA, 1970.
_____ **Contabilidade industrial.** 8 ed. EASA, 1997.

FREZATTI, Fábio. **Orçamento empresarial**. 2. ed. São Paulo: Atlas, 2000.

GALBRAITH, Jonh Kenneth. **O Novo Estado Industrial**. São Paulo: Livraria Pioneira Editora 1977.

GALLARO, Lidia R.R. Sacco e GALLARO, Victor Domingos. **Forma de apuração dos custos de produção contínua**. In SILVA JUNIOR, José Barbosa da. **Custos ferramenta de custeio - coleção seminários CRC-SP/IBRACON**. São Paulo: Atlas p.44-60 2000.

GIL, Antonio Carlos. **Técnicas de Pesquisa em Economia**. 2 ed. São Paulo: Atlas, 1991.

_____ **Métodos e Técnicas de Pesquisa Social**. 5 ed. São Paulo: Atlas, 1999.

GODOY, Arilda Schimidt. Introdução a Pesquisa qualitativa e suas possibilidades. **Revista Brasileira de Administração de Empresas**. São Paulo. v.35 mar./abr. 1995 p.58.

GORDON, Myron J., SHILLINGLAW, Gordon. **Accounting:** a management approach. 4 ed. Homewood, Illinois: Richard D. Irwin, 1969.

GRELL, Armando Pereira e BELLOLI, Osnir. **Custos ferramenta de custeio - coleção seminários CRC-SP/IBRACON**. São Paulo: Atlas p.44-60 2000.

HELMKAMP, John G. **Managerial accounting**. New York: John Wiley e Sons, 1987.

HENDRIKSEN, Eldon S., VAN BREDA, Michael F. **Accounting theory.** 5 ed. Burr Ridge, Illinois: Irwin, 1992.

HERMANN JR., Frederico. **Custos Industriais.** 7 ed. ESA, 1969 (2 volume). HOLANDA, Nilson. **Planejamento e Projetos.** Rio de Janeiro: APEC Mec, 1975.

HORNGREN, Charles T. **Introdução a contabilidade gerencial**. 5 ed. Rio de Janeiro: Pretince Hall, 1985.

HORNGREN, Charles T. FOSTER, George e DATAR, Srikant M. **Cost accounting:** a managerial emphasis. 8 ed. Englewood Cliffs, New Jersey: Prentice-Hall, 1994.

HORNGREN, Charles **Accounting for management control**: an introduction. New Jersy: Prentice Hall, 1965.

IUDÍCIBUS, Sergio de. **Contabilidade Gerencial**. 4 ed. São Paulo: Atlas, 1987.

_____ **Teoria da contabilidade.** 5 ed. São Paulo: Atlas, 1997.

IUDÍCIBUS, Sergio de. & MARION, José Carlos. **Introdução a Teoria da Contabilidade**. São Paulo: Atlas 1999.

OLIVEIRA, Djalma de Pinho Rebouças de, **Planejamento Estratégico.** 4 ed. São Paulo: Atlas, 1989.

_____ **Planejamento Estratégico.** 14 ed.São Paulo: atlas, 1999.

KINSERDAL, Arne. **Financial accounting:** an international perspective. London Pitman Publishing, 1995.

KOLIVER, Olivio. **Apontamentos Sobre Contabilidade de Custos**. 2 ed. São Paulo: Atlas, 1991.

KOONTZ, Harold. O"DONNELL, Cyril. WEIHRICH, Heinz. **Administração Organiza ção Planejamento e Controle**. 14 ed. São Paulo: Livraria Pioneira Editora, 1987.

LEITÃO FILHO, João Eugenio. **Rateio de custos indiretos de fabricação**. In SILVA JUNIOR, José Barbosa da. **Custos ferramenta de custeio - coleção seminários CRC-SP/ IBRACON**. São Paulo: Atlas p.44-60 2000.

LEONE, George S.G. **Custos, Planejamento, Implantação e Controle**. 2 ed. São Paulo: Atlas, 1991.

LEONE, George S.G. **Curso de Contabilidade de Custos**. São Paulo: Atlas, 1997.

LIMA, Raimundo Gomes, **Custeio em produção por encomenda**. In SILVA JUNIOR, José Barbosa da. **Custos ferramenta de custeio - coleção seminários CRC-SP/IBRACON**. São Paulo: Atlas p.44-60 2000.

LIVINGSTONE, James M., **Pesquisa de mercado**. São Paulo: Atlas, 1989.

MARCONI, Marina de Andrade E LAKATOS, Eva Maria. **Técnica de Pesquisa**. São Paulo: Atlas, 1988.

_____ **Metodologia do trabalho científico**. São Paulo: Atlas, 1992.

MARION, José Carlos. **Contabilidade Empresarial**. 5 ed.São Paulo: Atlas, 1993. _____ **Contabilidade e controladoria em agribusines**. São Paulo: Atlas, 1996.

MARTINS, Gilberto de Andrade. **Manual para Elaboração de Monografia**. São Paulo: Atlas, 1990.

MARTINS, Eliseu. **Contabilidade de Custos**. 4 ed.São Paulo: Atlas, 1990.

_____. **Contabilidade de Custos**. 8 ed. São Paulo: Atlas, 1998.

MARTINS, Eliseu e ASSAF NETO, Alexandre. **Administração financeira**. São Paulo: Atlas, 1986.

MARTINS, Petrônio G. e LAUGENI, Fernando P. **Administração da produção**. São Paulo: Saraiva, 1998.

MATARAZZO, Dante C. **Análise financeira de balanços**. 5 ed. São Paulo: Atlas, 1998.

MAXIMIANO, Antonio Cesar Amaru. **Introdução a administração**. 4 ed. São Paulo: Atlas, 1995.

MONTANA, Patrick J. & CHARNOV, Bruce H. **Administração**. São Paulo: Saraiva, 1998.

MOREIRA, José Carlos. **Orçamento empresarial**. 4 ed. São Paulo: Atlas, 1989.

NASCIMENTO, Diogo Toledo Do. e VARTANIAN, Grigor Haig. O método de custeio pleno-uma abordagem conceitual. **Revista CRC-SP** nº 9 setembro 1999.

NAKAGAWA, Masayuki. **Gestão Estratégica de Custos**. São Paulo: Atlas, 1991.

_____ **ABC Custeio Baseado em Atividades**. São Paulo: Atlas, 1994.

NEVES, Silvério dos e VICECONTI, Paulo E.V. **Contabilidade de custos**. 5 ed. São Paulo: Frase, 1998.

OLIVEIRA, Dejalma de Pinho Rebouças de. **Planejamento Estratégico**. 14 ed. São Paulo: Atlas, 1999.

_____ **Planejamento Estratégico**. 4 ed.São Paulo: Atlas, 1989.

PADOVEZE, Clóvis Luis. O paradoxo da utilização do método de custeio: custeio variável versus custio por absorção. **Revista do CRC-SP** nº 12 junho/2000.

PADOVEZE, Clóvis Luis. Análise do índice de liquidez sob o conceito de avaliação econômica da empresa **RBC-Revista Brasileira de Contabilidade** nº 124 julho / agosto. 2000. p.42-53.

PENTEADO FILHO, José Roberto Whitaker. **Previsão de vendas**. 3 ed. São Paulo: Atlas, 1988.

PEREZ JUNIOR, José Hernandes e outros. **Controladoria de Gestão**. São Paulo: Atlas, 1995.

_____ **Gestão estratégica de custos**. São Paulo: Atlas. 1999.

PINDYCK, Robert S. e RUBINFELD, Daniel L. **Microeconomia**. São Paulo: Makron Books do Brasil 1994.

PORTES, Michael E. **Estratégia Competitiva**. Rio de Janeiro: Campus Ltda 1986.

_____ **Vantagem Competitiva**. Rio de Janeiro: Campus Ltda. 1989.

RIBEIRO, Osni Moura. **Contabilidade de Custos Fácil**. 4 ed. São Paulo: Saraive, 1996.

ROSSETTI, José Paschoal. **Introdução a economia**. 17 ed. São Paulo: Atlas, 1997.

SALOMON, Morris J. **Análise de projetos**. Rio de Janeiro: APC. 1976.

SANDRONI, Paulo. **Dicionário de Economia**. 7 ed. São Paulo: Best Seller, 1989.

SANTI, Armando de Filho, e OLINQUEVITCH, José Leônidas, **Análise de Balanço para Controle Gerencial**. 2 ed. São Paulo: Atlas, 1989.

SANTOS, Joel José dos, **Formação do Preço do Lucro**. 3 ed. São Paulo: Atlas, 1991.

SANVICENTE, Antonio Zoratto e SANTOS, Celso da Costa. **Orçamento admimnistração de empresas**. São Paulo: Atlas, 1979.

SEVERINO, Antonio Joaquim. **Metodologia do trabalho científico**. 20 ed. São Paulo: Cortez, 1999.

SILVA JUNIOR, José Barbosa da. **Custos ferramenta de gestão - Coleção seminários CRC-SP/IBRACON** São Paulo: Atlas, 2000.

SOBANSKI, Jaert J. **Prética de orçamento empresarial**. 3 ed. São Paulo: Atlas, 1994.

TAVARES, Mauro Calixta, **Planejamento Estratégico**. São Paulo: Harbra, 1991.

WELSCH, Glenn A., **Orçamento Empresarial**. 4 ed. São Paulo: Atlas, 1990.

WOILER, Sansão e MATHIAS, Washington Franco. **Projetos - Planejamento, Elaboração e Análise.** São Paulo: Atlas, 1992.

VIVEIROS, Ulisses de. **Custos ferramenta de gestão-Coleção seminários CRC-SP/IBRACON** São Paulo: Atlas 2000.

SOBANSKI, Jaert J. **Prética de orçamento empresarial**. 3 ed.São Paulo: Atlas, 1994.

ZACCARELLI, Sergio B. **Estratégia Moderna nas Empresas**. São Paulo: Zarco Editora

ZDANOWICZ, José Eduardo. **Orçamento empresarial: uma abordagem prática**. Porto Alegre: Sagra, 1993.